Non

yn erbyn
y ffactore

Hunangofiant Non Evans

gydag Alun Gibbard

Argraffiad cyntaf: 2010

Dymuna'r cyhoeddwyr gydnabod cymorth ariannol
Cyngor Llyfrau Cymru

Llun y clawr: Steve Pope
Cynllun y clawr: Y Lolfa

Rhif Llyfr Rhyngwladol: 978 1 84771 278 3

Cyhoeddwyd, rhwymwyd ac argraffwyd yng Nghymru
gan Y Lolfa Cyf., Talybont, Ceredigion SY24 5HE
gwefan www.ylolfa.com
e-bost ylolfa@ylolfa.com
ffôn 01970 832 304
ffacs 832 782

Non

yn erbyn
y ffactore

Non

gan Wncwl Griff

Mae 'na ddynes fach hoff rwy'n ei nabod,
Mewn llawer i beth mae yn hynod;
Ar ei throed mae'n chwim,
Ar ei thafod mae'n llym,
Ac mae'n chwarae rygbi menywod.

Y'ch chi gyd yn gwbod amdani,
Does dim gwobr am ddweud pwy yw hi;
Mae ganddi'r ddawn o beintio,
Yn *judo* nid yw'n ildio,
Ie, does ond un Non Eleri.

1

Anaf Glasgow

"BETH YW'R PRYD MWYA iach sydd gyda chi?"

Roeddwn i mewn lle bwyta Tsieineaidd yn un o ardaloedd allanol Glasgow ar nos Sadwrn ym mis Mehefin 2010. Nid y lle mwya cysurus i fod, ond roedd angen bwyd arna i.

"King prawn omelette," meddai'r fenyw y tu ôl i'r cownter anferth, a'r Alban yn amlwg yn ei hacen Tsieineaidd.

A dyna beth ges i. Nôl â fi i'r twll o westy roeddwn wedi gorfod aros ynddo, gyda'r bwyd o dan un fraich ac, yn y llaw arall, bag plastig yn dal potel o win gwyn a chwdyn o *ice cubes* roeddwn wedi eu prynu mewn Tesco Express gerllaw. Lan â fi i'r stafell ac eistedd fan'na yn mwynhau'r wledd yn bell o bobman, yn bell o bob cysur. Pam y cwdyn o iâ? Wel, nid i'w roi yn y gwin, ma hynny'n sicr. Dw i'n rhy hoff o win da i'w ddifetha trwy roi iâ ynddo.

Roeddwn yn Glasgow ar gyfer Pencampwriaethau Reslo Prydain, y gystadleuaeth ola cyn cyhoeddi pwy oedd yn nhîm Cymru ar gyfer Gemau'r Gymanwlad. Roedd y rowndiau cynnar wedi mynd yn dda a finne wedi curo pawb yn eitha rhwydd. Cyrhaeddais y ffeinal wedi ymladd y gorau i fi ei wneud ers dechre reslo. Yn y ffeinal roeddwn yn wynebu menyw o dras Wcranaidd oedd wedi rhoi coten go iawn i fi ym Mhencampwriaethau Lloegr ym Manceinion rai wythnosau ynghynt. Y cyfan dw i'n cofio o'r ornest yna yw shiglo dwylo gyda hi ac yna gorwedd yn fflat ar fy nghefn ar y llawr. Ffeit drosodd!

Ond roeddwn yn barod y tro hwn, wedi paratoi tactegau, ac roedd ychydig mwy o brofiad 'da fi hefyd. Roeddwn i bron â dod i ddiwedd y ffeit ac ar y blaen ar y pryd hefyd, a finne mewn sefyllfa amddiffynnol yn ei chadw hi rhag fy nhaflu. Fe gydiodd hi yn fy nghoes i drio fy nhroi ar fy nghefn. Troies i'r ffordd arall i'w rhwystro rhag gwneud hynny. Yn sydyn, clywais sŵn rhywbeth yn torri. Sgrechiais yn uchel. Daeth y dyfarnwr yn syth aton ni a dod â'r ffeit i ben. Rhuthrodd y swyddogion a'r *physios* ymlaen ata i. Roedd pawb o 'nghwmpas yn edrych ar fy nghoes ac ar fy mhen-glin. Roedd y ferch o'n i'n ymladd yn ei herbyn wedi troi ei gwyneb bant!

"I want to carry on!" medde fi'n benderfynol.

"It's a medical decision and the answer is 'no', we have to stop the fight now."

Am siom! Roeddwn ar fin curo rhywun oedd yn un o oreuon y gamp. Bydden i wedi cael medal aur ym Mhencampwriaethau Prydain yn lle'r fedal arian ges i yn y diwedd. Roedd hynny, wrth gwrs, yn dipyn o gamp ynddi ei hun am mai dim ond rai misoedd cyn hynny wnes i ddechre reslo yn gystadleuol beth bynnag. Ond doedd dim modd fy nghysuro.

Pan mae anaf fel yna'n digwydd, mae pob math o bethe'n mynd trwy'r meddwl. Mae llwyth o deimladau a meddyliau da a drwg yn jwmpo mewn a mas o'r pen am yn ail, fel tase dim fory i gael. I ddechre, roedd amseru'r holl beth yn uffernol.

Roeddwn i yn barod wedi cael fy newis i garfan

rygbi menywod Cymru ar gyfer Cwpan y Byd yn Llundain ym mis Awst. Fel prif sgoriwr pwyntiau tîm menywod Cymru, roeddwn am ychwanegu at fy nghyfanswm. Yn benodol, roeddwn i'n benderfynol o guro nifer y ceisiau mewn rygbi rhyngwladol a sgoriwyd gan David Campese, sef 64 cais. A fyddai hynny'n digwydd nawr?

Ac o ran y reslo, roeddwn wedi cystadlu ym mhob cystadleuaeth bosib mewn cyfnod byr o ychydig fisoedd er mwyn gallu cael fy newis i dîm Gemau'r Gymanwlad yn India ym mis Medi. A fyddai hynny'n bosib nawr?

Roeddwn yn y sefyllfa bosib o gael fy newis ar gyfer y gemau ond yna o orfod tynnu nôl oherwydd anaf. Yr holl fisoedd yna o ddysgu crefft reslo, yr ymarfer, yr hyfforddi, y teithio ar ôl gwaith i fynd i gystadlaethau! O's bosib y bydde'r cwbwl werth dim?

Beth fyddai ymateb y bobol rygbi i'r ffaith i fi gael anaf mor wael wrth reslo? Go brin y bydden nhw'n hapus iawn. Sdim lot o amynedd 'da fi gydag Undeb Rygbi Cymru beth bynnag, ond mwy am hynny wedyn.

Llwyth o gwestiynau. Dyna oedd yn llenwi fy meddwl. Ond doedd dim modd ateb yr un ohonyn nhw nes i fi wbod yn iawn beth oedd yr anaf. Falle y bydden i ar ddiwedd y flwyddyn yn gallu edrych nôl a dweud i fi gystadlu yng Nghwpan y Byd ac yng Ngemau'r Gymanwlad. Ond falle hefyd y bydden i'n edrych nôl wedi gwneud dim ond un o'r ddau – neu ddim un o gwbwl.

I wneud pethe'n waeth byth, tra oeddwn yn yr *arena* yn Glasgow ar ddiwedd y cystadlu yn y

Pencampwriaethau, daeth swyddogion y gamp lan ata i.

"Congratulations! You've been selected for the Great Britain team!"

Newyddion anhygoel i fi! Fy nod ar gyfer y blynyddoedd nesa yw llwyddo i sicrhau lle yn nhîm Prydain ar gyfer y Gemau Olympaidd yn 2012. Dyma gam mawr pwysig tuag at hynny.

Ond – ma wastad 'ond'! Roedd y GB Cup o fewn rhai wythnosau a dros ugain o wledydd gwahanol yn dod i Sheffield ar gyfer y cystadlu. Doeddwn i, wrth gwrs, ddim yn gallu mynd! Rhaid oedd bod yn fodlon ar y ffaith i fi gael fy newis a meddwl mlaen at beth allai fod yn hytrach na beth o'n i wedi ei golli. Unwaith eto, roedd 'da fi broses feddyliol eitha sylweddol i fynd trwyddi cyn y gallwn ddod rownd i feddwl fel'na.

Wedi cyrraedd fy stafell wely ar ôl gadael yr *arena* cystadlu, roeddwn yn beichio crio ar y gwely. Teimlwn anobaith, diflastod a rhwystredigaeth lwyr, ac roeddwn i'n grac iawn hefyd. Roedd y byd ar ben. Dyma un rhwystr arall ar fy ffordd i gyflawni'r hyn roeddwn i am ei wneud yn fwy na dim. Fel yna mae wedi bod ar hyd y blynyddoedd. Popeth yn frwydr. Gorfod cystadlu yn erbyn ffactore nad ydy pobol eraill wedi gorfod brwydro yn eu herbyn ac yn sicr sdim un dyn yn gorfod brwydro yn eu herbyn er mwyn cyrraedd yr un lle. Anodd meddwl y byddai'n bosib i fi gwmpo'n is nag o'n i yn y stafell yna.

Trwy lwc, roeddwn wedi penderfynu peidio â gyrru i Glasgow, fel aelodau eraill y tîm reslo. Roeddwn wedi hedfan lan. Diolch byth felly nad oedd yn rhaid i fi yrru gydag anaf i'r goes. Ond roedd hynny hefyd yn golygu gorfod aros noswaith ychwanegol tra bod y merched eraill i gyd ar eu ffordd adre.

Felly, doedd dim amdani ond trio mwynhau'r *king prawn omelette* a'r gwydraid o win, y cwdyn iâ yn dynn am fy mhen-glin a 'mreuddwydion ar chwâl. Roedd yn mynd i fod yn noson hir ac yn daith hir iawn nôl cyn gallu cyrraedd Caerdydd a thrio gweld doctor i gynnig ambell ateb tyngedfennol i fi. Roeddwn yn cysgu'n sownd erbyn hanner awr wedi wyth, heb wybod beth fydde'n dod gyda'r wawr.

Pan ddaeth y bore, roedd fy agwedd wedi newid. Roeddwn am brofi pa mor ddifrifol oedd yr anaf. Ishe gweld dros fy hunan. Roeddwn i'n ofni'r gwaetha, ond roedd yn rhaid i fi wneud un peth.

"Where's the nearest gym?" gofynnais yn nerbynfa'r gwesty.

"About 15 minutes away," oedd yr ateb a rhoddwyd cyfarwyddiadau i fi.

Rhedais bob cam i'r *gym*. Roedd y goes yn rhoi lot o loes i fi ond roedd yn bosib gwneud y symudiadau oedd eu hangen i redeg. Wedi cyrraedd y *gym*, fe wnes sesiwn hollol boncyrs yno, ar y pwysau, *sit-ups*, peiriant rhwyfo – popeth. Wedyn, rhedais nôl i'r gwesty. Beth oedd yn mynd trwy fy meddwl oedd, os oes ishe llawdriniaeth arna i, wel, ma ishe llawdriniaeth arna i beth bynnag. Ac os oes rhaid i fi fynd dan y gyllell, o leia bydda i wedi cael dam gwd sesiwn yn y *gym* cyn hynny!

Roeddwn yn hedfan nôl i Gaerdydd am ddau o'r gloch y prynhawn a phob math o bosibiliadau yn aros amdana i.

2

Triniaeth a Tharged

Wᴙᴛʜ ᴅᴇɪᴛʜɪᴏ ɪ ʟᴀᴡʀ yn yr awyren, gwawriodd un ffaith gwbwl amlwg arna i. Roedd yn brynhawn dydd Sul. Doeddwn i heb feddwl am arwyddocâd hynny yn fy stafell wely'r noson cynt. 'Fory' oedd yn bwysig i fi bryd hynny, a chyrraedd diogelwch Caerdydd. Ond nawr bod fory wedi dod, roedd problem arall yn y ffaith mai dydd Sul oedd hi. Pa feddyg ymgynghorol fyddai ar gael i weld fi ar brynhawn Sul? Byddai'n rhaid aros tan ddydd Llun cyn gallu dechre cael yr atebion yr oedd eu hangen. A dyna ymestyn yr aros hyd yn oed yn hirach ac ymestyn yr amynedd oedd eisoes yn mynd yn brinnach ac yn brinnach!

Doedd dim i'w golli wrth drio cysylltu gydag arbenigwr pengliniau a gweld beth oedd ganddo i'w ddweud. Roeddwn yn gwbod at bwy i droi, Rhidian Morgan-Jones. Roedd e wedi fy nhrin o'r blaen pan ges i anaf echrydus wrth chwarae rygbi. Deialais ei rif yn ddigon ansicr ond yn gobeithio o waelod calon y byddai'n gallu helpu. Diolch byth, roedd e'n fodlon fy ngweld y prynhawn hwnnw. Felly, draw â fi yn syth o'r maes awyr i syrjeri'r doctor. O leia bydde rhywun yn gallu edrych ar fy nghoes yn weddol gyflym a dechre'r broses. Wedi archwiliad manwl, trefnodd i fi fynd i gael sgan y bore canlynol. Cafodd y sgan ei ddarllen nos Lun ac fe ffoniodd Chris Wilson, yr ymgynghorydd, y noson honno.

"Dyw e ddim yn newyddion da mae arna i ofn."

Dyna beth ro'n i wedi ei ofni ers nos Sadwrn. A dyna gadarnhau'r amheuon gwaetha a fu'n corddi yn fy mhen ac yn fy stumog ers dau ddiwrnod.

"Rwyt ti wedi torri dy lateral collateral ligament, yr LCL."

Esboniodd mai hwn oedd y prif *ligament* oedd yn mynd o hanner gwaelod y goes i'r hanner ucha. Dim ond trwch pensil o beth yw e ac roeddwn i wedi ei dorri yn ei hanner.

"Beth yw'r opsiynau?" gofynnais yn betrusgar.

"Mae'n bosib rhoi ligament synthetig i mewn neu dynnu'r hamstring allan ac ail-greu neu ailadeiladu'r cyfan i bob pwrpas. Bydd yn golygu bod allan o bopeth am rhwng pedwar a chwe mis."

Roedd hynny ganwaith yn waeth! Dyna ni. Dyna ddiwedd popeth. Dyna ddiwedd fy rygbi. Dyna ddileu popeth da, pob cynnydd dros fisoedd cynta fy reslo. Erbyn i fi wella, bydde fe bron â bod fel dechre eto. Ni allwn gadw'r emosiwn rhag dangos yn fy llais. Dywedodd y meddyg ymgynghorol wrtha i am ddod i'w weld eto yn y bore ac y byddai'n rhoi archwiliad arall i fi.

Ar ôl noson gythryblus, draw â fi i Ysbyty'r Brifysgol yn y bore. Roedd Chris Wilson yno i fy ngweld unwaith eto ynghyd ag arbenigwr pengliniau arall o'r enw Rhys Williams. Nid oeddwn yn obeithiol. Ond, wedi fy archwilio ymhellach a phrofi'r pen-glin yn drwyadl, penderfynodd y ddau nad oedd e mor ansefydlog â'r disgwyl ar ôl anaf o'r fath. Yn ôl pob tebyg, roedd hynny achos bo fi'n ffit beth bynnag a'r cyhyrau o gwmpas yr anaf yn fwy cryf na'r arfer. Roedd llygedyn o obaith – digon i wneud i fi ofyn un cwestiwn arall.

"So does that mean that there might be an alternative to surgery?"

"What we'll do is give you a knee brace. Keep your leg in a bent position at all times and the ligament might reattach."

Mae'n anodd iawn peidio â mynd yn rhy gyffrous mewn sefyllfa fel'na. Mae aros yn realistig yn waith caled. Wedi'r cyfan, 'might' oedd y gair roedd e wedi ei ddefnyddio. Ma hynny'n gallu golygu unrhywbeth. Ond o leia roedd posibilrwydd nad oedd angen llawdriniaeth a rhaid oedd dal fy ngafael yn dynn yn y posibilrwydd yna.

Roeddwn i fod i fynd i Lundain y diwrnod hwnnw gyda gwaith a fydden i ddim nôl tan y dydd Gwener ac, felly, ddim yn gallu casglu'r brace pen-glin tan y nos Wener. I fi, roedd hynny'n rhy hir i aros a gwneud dim. Nid dyna'r math o berson ydw i.

Felly, lan â fi i Lundain yn ôl y trefniant ond gan wneud un alwad ffôn cyn gadael. Mae cyn-fewnwr Pont-y-pŵl, David Bishop, yn ffrind da i fi. Mae'n ddyn sydd wedi cael ymateb cymysg iawn gan y cyhoedd a'r wasg a hynny am iddo greu tipyn o argraff pan oedd e'n chwarae – oddi ar y cae fel arfer! Un cap gafodd e i Gymru ac am ryw reswm doedd y dewiswyr ddim yn ei hoffi chwaith. Ond fe gafodd ei gyfle i ddangos beth oedd e'n meddwl ohonyn nhw mewn gêm gwpan enwog rhwng Pont-y-pŵl ac Abertawe. Fe sgoriodd gais ar ddiwedd y gêm a hynny yn y mwd i sicrhau colled annisgwyl i Abertawe, oedd â'r mewnwr Robert

Jones yn eu tîm nhw. Fe oedd yn cadw Dai mas o dîm Cymru. Ar ôl sgori'r cais, trodd ei gefn tuag at y stand a shiglo ei ben-ôl mwdlyd i gyfeiriad y dewiswyr!

Odi, mae'n dipyn o gymeriad, ond mae'n ffrind da. Felly, ar y ffôn, dywedais beth oedd wedi digwydd. Trwy lwc, mae Dai yn ffrindiau da gyda Craig Bellamy sydd wedi diodde cryn dipyn gydag anafiadau i'r pen-glin, yn enwedig y gewynnau. Dywedodd Dai y byddai'n ffonio Craig a gofyn iddo am enw'r arbenigwr oedd wedi ei drin e. Cyn diwedd y dydd roedd Craig Bellamy wedi ffonio nôl ac wedi rhoi manylion cyswllt Andy Williams i fi. Yn syml, roeddwn ishe barn arbenigwr arall a hynny oherwydd profiad ges i rai blynyddoedd ynghynt lle collais i lot o amser gwella ar ôl cael anaf oherwydd i mi gael barn anghywir reit ar y dechre. Er bo fi'n ymddiried yn llwyr yn Chris Wilson a Rhys Williams, roedd yn amhosib i fi beidio â manteisio ar gyfle i gael barn arbenigwr fel Andy Williams gan bo fi'n gorfod bod yn Llundain am bedwar diwrnod beth bynnag.

Erbyn y dydd Gwener roeddwn yng nghlinig Andy Williams yn ysbyty preifat Lister yn Llundain. Fe yw'r arbenigwr y mae'r sêr chwaraeon yn troi ato yn dilyn anafiadau pen-glin. Am flynyddoedd lawer, roedd pobol ag anafiadau chwaraeon yn mynd i glinig Dr Richard Steadman yn Colorado. Dyna lle'r aeth Craig ei hun ar y dechre, a phobol fel Alan Shearer a Ronaldo. Ond nawr, roedd pawb yn mynd at y dyn yma yn Llundain. A dyna wahaniaeth amlwg o fynd i'w weld e!

Roedd yn edrych ar fy mhen-glin am dri chwarter awr cyfan a wnaeth e ddim edrych ar y sgan o'r anaf am tua hanner awr. Roedd y broses yn cynnwys archwiliad manwl o fy nghoes chwith hefyd er mwyn gweld pa mor sefydlog oedd hithe. Ar ôl sbel, dywedodd fod fy mhen-glin mewn cyflwr da iawn yn gyffredinol. Roedd y cyhyrau yn ddigon cryf ac o ystyried yr holl chwaraeon yr oeddwn yn eu gwneud, meddai, doedd dim sôn am *arthritis* o gwbwl. Roedd hi'n braf clywed hynny o leia!

Cadarnhaodd y byddai *brace* yn driniaeth effeithiol ac y byddai'n bosib o hyd i seiclo, mynd ar y peiriant rhwyfo, gwneud *squats* a rhedeg hefyd ar yr amod bo fi'n gwisgo'r *brace* am bythefnos wrth wneud hynny. Wedyn, bydde angen fy archwilio eto.

Wrth gwrs, roedd un cwestiwn yn dal i droi yn fy mhen. Pryd fydden i'n gallu chwarae eto? Doedd dim posib hyd yn oed meddwl am ofyn 'A fydda i'n gallu chwarae eto?' Ma rhai pethe nad yw'n bosib eu gofyn; mae meddwl amdanyn nhw'n ddigon.

"I don't think you'll make the World Cup warm-up game against Ireland on August the first. But, I think it might be possible for you to be ready for the beginning of the World Cup."

Dyna i gyd o'n i angen clywed. Roedd gobaith eto. Rhywbeth i ganolbwyntio'r meddwl. Targed i gadw o flaen fy llygaid i'm helpu i weld heibio'r anaf. Oedd, roedd yn bosib gweld heibio'r pen-glin nawr.

Wedi pythefnos o wisgo'r *brace* – ar gost o £500, ond diolch byth bod fy yswiriant meddygol yn gyfrifol am hwnna! – roedd angen sgan arall. Cefais neges destun gan yr ymgynghorydd yn dweud dau beth.

"Good news, your ligament is healing nicely."

Roeddwn yn gallu clywed yr 'ond' yng ngeiriau'r *text*.

"But you've got a tear in your cartilage."

Doedd dim diwedd ar y newyddion drwg. Un broblem arall eto fyth. Dywedodd nad oedd yn credu y byddai hynny'n rhwystr mawr, ond roedd angen gweld ymgynghorydd arall. Roeddwn i'n gwbod bod llawdriniaeth ar y *cartilage* yn golygu gorffwys yn llwyr am dair wythnos ar ôl y driniaeth. Roedd Cwpan y Byd yn dechre ymhen mis yn union. I fi, os nad oeddwn yn ffit erbyn y gêm gynta, doeddwn i ddim am fynd i Gwpan y Byd o gwbwl. Doedd 'da fi ddim diddordeb mewn cyrraedd hanner ffordd trwodd a chwarae rhyw un neu ddwy o gemau yn unig. Y cyfan neu ddim byd i fi.

Diolch byth mai newyddion da oedd gan yr ymgynghorydd y diwrnod hwnnw. Roedd y *brace* yn gallu dod *off* yn llwyr. Rhoiodd ganiatâd i fi redeg mewn llinellau syth yn unig ac i ddechre *physio*. Pan oedd y goes â'r anaf 80% mor gryf â'r goes arall, yna gallwn newid cyfeiriad y rhedeg. Roedd angen llawdriniaeth, ond gallai hynny aros tan ar ôl Gemau'r Gymanwlad. Ac ar ben hyn oll, roeddwn yn cael reslo gyda'r *brace* ymlaen.

O'r diwedd, roeddwn nôl bron â bod i'r man o'n i cyn yr anaf. Roedd yr holl beth wedi bod yn rhwystr, yn ben tost, yn her, yn brawf, yn dorcalonnus ac yn boen gorfforol a meddyliol. Mae'r pethe yma i gyd yn rhan o fywyd unrhyw un sy'n rhan o fyd chwaraeon ar lefel uwch, mae'n siŵr. Mae'n rhwydd iawn ysgrifennu brawddege fel'na. Ond dy'n nhw ddim yn dod yn agos at ddisgrifio'r realiti.

3

Dechre Rygbi Clwb

DECHREUODD Y BUSNES CHWARAE rygbi pan oeddwn i yn y coleg yng Nghaerdydd. Doeddwn i erioed wedi dal pêl rygbi cyn hynny, er bo fi wedi edrych ar lot o rygbi ar y teledu gan fod Dadi yn dwli gwneud hynny. Roedd Dad yn feddyg teulu yn Llangennech, ger Llanelli, pan ges i fy ngeni ac roedd rygbi yn ddiddordeb mawr iddo yn ei amser sbâr. Roeddwn i wrth fy modd yn eistedd gyda fe ac edrych ar y gemau. Achos ei gysylltiad ef â phentre Llangennech es i i'r ysgol gynradd yno yn hytrach nag i'r ysgol agosa ym Mhontarddulais, lle ces fy ngeni a lle roedd y teulu'n byw. Hefyd, trwy syrjeri Dadi fe gwrddes i â rhywun ddes i'n agos iawn ati, sef Anti Dwynwen. Yn y traddodiad Cymreig gorau, doedd hi ddim yn anti i mi o gwbwl – roedd hi'n gweithio i Dadi yn y syrjeri fel derbynwraig.

Ond fe ddaeth hi'n lot mwy nag 'anti'. Roedd hi'n edrych ar ein hôl ni fel plant ac fe ddaeth yn rhan o'r teulu. Roedd un tad-cu wedi marw cyn i fi gael fy ngeni, ac un fam-gu wedi marw pan o'n i'n fach iawn. Ma Mami a Dadi yn unig blant, felly doedd dim teulu mawr o'm cwmpas wrth dyfu lan. Daeth Anti Dwynwen a'i gŵr, Wncwl Griff, i lenwi'r gwacter yna mewn ffordd gynnes ac agos iawn. O ganlyniad, roedd y rhan fwya o'm hamser i'n cael ei wario lawr yn Llangennech. Doedd dim ffrindiau gyda fi yn y Fforest, lle o'n i'n byw. Doeddwn i ddim yn gallu cerdded lawr yr hewl a nabod rhywun a doedd neb yn galw mewn i chwarae. Roedd rhaid trefnu pethe fel'na. Dim ond plant ffrindiau Mami a Dadi o'n i'n nabod yn Fforest, Pontarddulais a Hendy. Felly, roedd chwarae gyda ffrindiau ysgol yn golygu Llangennech. Nhw oedd y grŵp roeddwn i'n rhan ohono, dyna lle o'n i'n perthyn. Ac roedd cael aros dros nos gydag Anti Dwynwen ac Wncwl Griff er mwyn chwarae gyda nhw ar ôl ysgol yn ddigon derbyniol a dweud y lleia. O'n i wrth fy modd â hynny.

Ond, nôl at Ysgol Llangennech. Yn ystod oriau ysgol a gyda ffrindiau ar y stryd ar ôl hynny, roeddwn i wedi chwarae pêl-droed a chriced. Troiais at jiwdo wedyn yn yr ysgol gyfun, am nad oedd lot o bwyslais ar chwaraeon o gwbwl yno. Wnes i lot o gymnasteg pan oeddwn i'n blentyn hefyd. Felly, roedd chwaraeon yn bwysig i fi erioed, ond mater arall oedd cydio mewn pêl rygbi a meddwl am chwarae'r gêm!

Ar Andrea Evans mae'r bai. Roedd hi'n byw yn yr un neuadd breswyl â fi yn Cyncoed, ac yn dod o Benygroes, ddim yn bell iawn o lle ces i fy magu. Fe ddaethon ni'n ffrindiau da drwy gydol y cyfnod coleg. Roedd hi'n ffan rygbi go iawn a chanddi docyn tymor i ddilyn y Scarlets, ac mae hynny'n dal yn wir heddi. Roedd hi mor boncyrs am bopeth Scarlet nes i ni ddechre ei galw wrth yr enw hwnnw yn y coleg.

Clywodd y ddwy ohonon ni bod *trials* wedi cael eu trefnu yn y coleg i ddewis tîm rygbi menywod a bant â ni'n dwy i drio fe mas. Ond ym mha safle fydden i'n chwarae? Doedd dim syniad gyda fi! Doedd dim byd amdani, felly, ond mynd trwy'r sesiwn hyfforddi a gweld beth fydde'n digwydd. Bydde'n rhaid i'r hyfforddwr, mae'n siŵr, gynnig help i fi o ran ble fydde orau i fi chwarae. Ar ôl sbel, daeth yn amlwg bod jiwdo wedi fy helpu i daclo wrth chwarae rygbi a doedd gwthio pobol i ffwrdd yn y dacl ddim mor anodd â hynny i fi. Doedd cyflymdra ddim yn broblem chwaith. Dyna ddau beth roedd modd gweithio arnyn nhw o leia.

Ond roedd un peth amlwg yn ishe – sgiliau! Shwd oedd paso pêl mor od ei siâp? A beth am gicio pêl fel'na? Ble oedd dechre? Roeddwn i'n gobeithio y bydden i'n ffindo mas yn ddigon cloi!

Penderfynodd yr hyfforddwr mai ar yr asgell y dylwn i chwarae ac fel'na buodd hi. Trwy lwc, roedd lot o chwaraewyr da gyda ni'r flwyddyn yna ac roedd y tîm yn gwneud yn dda. Reit ar ddiwedd y tymor cynta o rygbi, a phethe'n mynd yn hwylus iawn, roedd gêm wedi ei threfnu yn erbyn Prifysgol Caerdydd. Ar ôl i'r gêm gwpla, daeth menyw o'r enw Bess Evans ata i. Roedd hi'n chwarae fel mewnwr i dîm Cymru ar y pryd ac yn gweithio yn y gampfa yn y Brifysgol. Welodd hi'r gêm i gyd a wedodd hi wrtha i ar y diwedd, "You should be playing full back, Non, that's your position."

Fe wnaeth hi fwy na hynny hefyd. Fe aeth nôl at garfan Cymru a sôn amdana i, chwarae teg iddi. Rhoddodd ei sylwadau hi lot o hyder i fi a bues i'n ddigon lwcus i chwarae i dimau Prifysgolion Cymru a Myfyrwyr Cymru yn weddol gynnar ar ôl dechre. Cyn hir, daeth hi'n amser treialon Cymru. Ar y pryd roeddwn i'n chwarae i ranbarth Cardiff Central ac yn y treial cynta sgores i tua pump cais. Roedd hynny'n ddechre digon addawol! O fewn blwyddyn i ddechre chwarae rygbi, felly, ces fy newis i fynd i garfan Cymru a chwarae i dîm 'A' Cymru yn 1995. Y cyfan am fod un person wedi fy ngweld i'n chwarae. Mae ishe brêcs fel'na yn aml ym myd chwaraeon ac mae'n neis eu cael nhw 'fyd!

Achos bo fi yn y coleg, doeddwn i ddim yn cael chwarae i unrhyw un o'r clybiau rygbi menywod oedd yn bodoli ar y pryd. Dim ond i dîm y coleg yr oedd hawl gyda fi chwarae ac roedd honno'n rheol ar draws pob camp drwy Cyncoed. Felly, doeddwn i ddim yn rhan o fyd clybiau rygbi tan i fi orffen fy ngradd a dechre tystysgrif addysg ôl-raddedig.

Ma'n rhaid dweud bod sîn rygbi menywod y dyddie hynny'n well o ran strwythur na ma hi nawr. Doedd dim cymaint o glybiau'r pryd hynny a does dim gwadu bod lot mwy o fenywod yn chwarae rygbi nawr nag oedd pan ddechreuais i. Rhyw chwe neu saith clwb oedd ar gael yn 1995. Dau glwb oedd yng Nghaerdydd, sef y Cwins a Llandaf. Wedyn, roedd clwb yn Hendy-gwyn ar Daf i bawb yn y Gorllewin. Roedd pobol Sir Gâr yn dueddol o chwarae i glwb y Tymbl ac roedd pawb o Went yn chwarae i Flaenau Gwent. Roedd pobol Abertawe a Chwm Tawe yn chwarae i Uplands Abertawe ac roedd tîm yn Aberystwyth hefyd. Myfyrwyr oedd y rhan fwya o'r garfan honno. Ac roedd un tîm yn y Gogledd hefyd. A dyna ni. Roedd y cyfan yn gweithio'n dda am fod tîm ar gyfer pob rhanbarth o Gymru bron â bod. Roedd yn rhaid i chi brofi'ch hunan go iawn er mwyn cael bod yn y pymtheg ar y cae. Canlyniad hyn oedd creu timau cryf a gemau cystadleuol.

Falle fod lot mwy o dimau a lot mwy o gyfle i fenywod chwarae rygbi nawr, ond mae'n rhaid fi weud, ma 'na gost bendant i hynny. Mae'r dalent wedi ei gwasgaru'n ormodol. Mae cymaint â chwe thîm yn ardal Abertawe, chwech yn Llanelli a chwech yng Nghaerdydd. Mae'r cyfan wedi digwydd yn enw Cynllun Datblygu Strategol Undeb Rygbi Cymru, sydd yn beth i'w groesawu. Ond does dim digon o safon i gynnal cymaint â hynny o glybiau, felly mae'r balans rhwng rhoi cyfle a chadw safon, i fi, wedi cwmpo'r ochor anghywir. Mae'r ffaith bod cymaint o dimau yn bodoli nawr yn edrych yn grêt ar bapur, ond ar ddiwedd y dydd, swmo ni'n chwarae ar bapur!

Nôl ar y dechre, roedd y clybiau i gyd yn cael eu tynnu at ei gilydd dan enw Undeb Rygbi Menywod Cymru. Breuddwyd un fenyw oedd sefydlu mudiad o'r fath, a Delyth Morgan oedd honno. Fe weithiodd hi, a Cathy Owens, yn galed iawn i gynnal trafodaethau gyda'r Cyngor Chwaraeon a chael grant i sefydlu'r Undeb, a gweithio'n galed wedyn i'w chynnal ar ôl iddi ddechre. Roeddwn i'n chwarae, felly, dan ymbarél Undeb Rygbi Menywod Cymru, a Delyth Morgan i raddau helaeth iawn oedd yn gyfrifol am ddatblygu rygbi menywod Cymru. Hi wnaeth sicrhau bod rygbi menywod yng Nghymru yn gweithredu'n fwyfwy ar lefel broffesiynol nag oedd e wedi gwneud cyn hynny trwy sefydlu strwythur pendant i'r gêm. Fe sefydlodd rywbeth mor chwyldroadol â chyfrif *expenses* i ni'r chwaraewyr, er enghraifft! Dyw hynny ddim yn swno'n lot nawr, ond ar y pryd roedd e'n gam mawr.

Roedd hi hefyd yn arbennig o dda am werthu'r gêm yng Nghymru a thu hwnt. Mae un dyfyniad o'i heiddo a gafodd ei ddefnyddio mewn sawl lle ar y pryd:

"Dyw e ddim byd i wneud â menywod ishe profi eu bod nhw'n well na dynion. Ond rydyn ni'n dod o wlad sydd yn falch iawn o'i rygbi ac mae pawb yn teimlo'n ddigon isel nawr. Yn lle hongian o gwmpas a chwyno, gallwn fynd mas 'na a gwneud rhywbeth ynglŷn â'r sefyllfa."

Dyna ysbryd Delyth. Mae'n siŵr ei fod yn amser digon anodd iddi â'r diddordeb mewn rygbi menywod yn mynd o nerth i nerth ond, eto i gyd, diffyg strwythur i ddatblygu'r gêm fel y dyle hi gael ei datblygu. Fe wnaeth hi fwy na jest 'rhywbeth' i helpu'r sefyllfa, ac wedi lot o waith caled roedd pethe'n edrych yn eitha addawol.

Roedd un erthygl, a ymddangosodd yn y *Times* mor bell nôl ag 1998, yn bwysig iawn o safbwynt rygbi menywod Cymru. Cafodd ei sgrifennu gan y newyddiadurwr chwaraeon Stephen Jones, ac roedd yn rhoi sylw manwl i ni ac yn dangos shwd roedd pethe wedi datblygu. Fe ddadansoddodd ein sefyllfa yn hollol gywir a, chwarae teg iddo fe, dangosodd ddigon o gydymdeimlad hefyd.

Arwydd amlwg iawn o sut roedd pethe'n mynd yn y dyddie hynny oedd y term wnaeth e ddefnyddio i ddisgrifio rygbi menywod Cymru – 'the dizzy progress of the sport in Wales continues...' medde fe yn ei erthygl ar 26 Ebrill 1998. Fe aeth yn ei flaen:

> ... The sheer number of women and girls waiting to play rugby is overwhelming, almost submerging the likes of [Delyth] Morgan and the other unpaid heroes trying to bring some coherence to the flood.

Fe alla i fadde iddo am ddefnyddio term fel *'girls'* gan

fod gweddill ei erthygl mor gryf a chadarnhaol! Mae'n mynd yn ei flaen i ddadlau y dylai'r cyrff chwaraeon yng Nghymru ddod at ei gilydd er mwyn helpu pobol fel Delyth i wrthsefyll y llif:

> It really is time that... the WRU and the Welsh Sports Council put together the funds for the WWRU to employ a full-time administrator and full-time development officer...

Da iawn, Stephen Jones! Roedd yn amlwg fod pobol o'r tu fas i Gymru yn gallu gweld beth oedd yn digwydd yma, sef bod rygbi menywod Cymru yn mynd o nerth i nerth. Mae'r un erthygl yn cyfeirio at ddwy o chwaraewyr yn benodol ac yn dweud eu bod nhw'n arwydd o'r ffordd y dylai rygbi menywod Cymru ddatblygu. Y ddwy oedd Bess Evans, oedd wedi fy ngweld yn chwarae pan oeddwn yn y coleg, a fi. Dyna beth oedd hwb ar ddechre gyrfa!

Roedd y WWRU, fel roedd hi'n cael ei galw, yn aelod cyswllt o Undeb Rygbi Cymru, ac er bod cefnogaeth ariannol achlysurol yn dod o gyfeiriad yr Undeb, doedd dim rheolaeth ganddyn nhw dros ein gweithgareddau ni o gwbwl. Wnaeth hynny ddim digwydd tan rhyw dri thymor yn ôl a nawr mae'n gêm ni'n cael ei threfnu gan yr un corff â gêm y dynion. Mae hynny'n wir ar bob lefel, ac un enghraifft gynnar iawn o ddylanwad newydd Undeb Rygbi Cymru oedd tynnu Sbaen o Bencampwriaeth y Chwe Gwlad a rhoi'r Eidal i mewn yn eu lle, er mwyn dilyn yr un strwythur â gemau rhyngwladol y dynion.

Yn y dyddie cynnar hynny, roedd pob un o'r merched oedd yn chwarae i Gymru wedi dechre chwarae yn y coleg. Dyna sut roedd pawb yn dechre. Doedd dim timau rygbi ieuenctid merched ar gael ar y pryd, felly roedd pawb yn dibynnu ar y colegau – ac nid prifysgolion a cholegau Cymru yn unig. Ble bynnag ym Mhrydain roedd myfyrwyr o Gymru yn gwneud cwrs ac yn rhan o dîm rygbi menywod, roedd hawl i'w hystyried ar gyfer carfan Cymru. O ganlyniad, roedd cystadlaethau myfyrwyr yn bwysig iawn a lot o sylw yn cael eu rhoi iddyn nhw. Erbyn heddi, ma pethe'n hollol wahanol. Mae yna dimau merched dan 16 ac 18 ac ati yn bodoli ac mae lot o dimau lleol ar gael hefyd. Ond, i fi gael dweud eto, dyw hynny ddim yn golygu bod y safon yn uchel. Mor bell â dw i yn y cwestiwn, mae'r safon ar lefel y clybiau di-ri mewn gwirionedd yn eitha gwael.

Diolch byth am un cynllun a ddaeth i fodolaeth cyn Cwpan y Byd 2010. Fe sefydlodd yr Undeb gystadleuaeth rygbi menywod ar lefel ranbarthol er mwyn helpu'r paratoi ar gyfer Cwpan Rygbi'r Byd yn Llundain. Trefnwyd gemau rhwng y pedair rhanbarth sy'n bodoli yng ngêm y dynion, sef y Gleision, y Dreigiau, y Gweilch a'r Scarlets. O leia roedd hynny'n sicrhau bod y merched gorau sy'n chwarae rygbi yng Nghymru yn cael chwarae yn erbyn ei gilydd mewn blwyddyn pan oedd cymaint o bwysau ar fod yn barod ar gyfer Cwpan y Byd.

I ranbarth y Scarlets y chwaraeais i – a dyna beth oedd balchder! Roeddwn wedi cael fy ngeni ar gyrion tre Llanelli ac yn gwbod am y chwaraewyr amlwg ac enwog i gyd. Roedd y Strade, wrth gwrs, yn un o enwau mawr byd chwaraeon. Felly, roedd cael bod yn rhan o'r traddodiad yna yn anhygoel. Roedd yn deimlad gwell fyth pan enillon ni bob gêm a gorffen ar frig cystadleuaeth y rhanbarthau. *West is best!*

Ond tynnu sylw dros dro wnaeth y gemau rhanbarthol hynny, llwyddo i lenwi'r llygaid ac anghofio beth oedd y sefyllfa go iawn. Mae sefyllfa clybiau rygbi menywod Cymru mewn *mess* a dweud y gwir. Does dim strwythur na threfn. Er enghraifft, os nad oes digon o chwaraewyr gan unrhyw glwb ar gyfer rhyw gêm neu'i gilydd, gall y gêm gael ei chanslo heb unrhyw gosb i'r clwb yna. Mae clybiau yn cael menthyg chwaraewyr oddi wrth ei gilydd drwy'r trwch sydd yn nonsens llwyr yn fy marn i. Os edrychwch ar y tymor sy newydd fynd heibio yn 2010, roedd rhyw bedair o'n gemau ni wedi cael eu canslo. Mae gweithio fel'na yn gwbwl amhroffesiynol a chewch chi ddim gwneud hynny os ydych chi'n rhan o strwythur gêm rygbi menywod Lloegr. Dim ond os ydi'r cae dan ddŵr y'ch chi'n cael canslo gêm glwb yn Lloegr. Felly, pam ma fe'n iawn i ni yng Nghymru?

Un canlyniad amlwg i hyn yw bod llwyth o ferched gorau rygbi Cymru wedi dewis chwarae i glybiau dros Glawdd Offa, a finne yn eu plith nhw. Fe chwaraeais i yn Clifton, Bryste, am naw tymor – a doedd hynny ddim yn rhwydd. Os oes rhaid i chi fynd i Fryste ddwywaith yr wythnos ma'ch bywyd cymdeithasol chi nôl gartre yn godde, a does dim bywyd cymdeithasol newydd gyda chi ym Mryste i gymryd ei le. Ma pawb yn cyrraedd Bryste er mwyn ymarfer neu chwarae ac wedyn yn mynd nôl adre'n weddol gloi.

Mae hynny'n broblem arall ar ben y gost, wrth gwrs. Nid coste petrol yn unig oedd angen eu talu. Roedd ishe prynu'r cit, ac i fi, fel un sy'n cicio at y pyst, rhaid talu am bethe mor elfennol â'r *tee* cicio. 'Na beth yw camp amatur go iawn! Ond, roedd e'n sicrhau un peth – doedd pethe ddim yn dod yn rhwydd i ni, felly dim ond y rhai oedd o ddifri ishe chwarae oedd yn gwneud. Mae ymroddiad fel'na yn sicr o ddangos ei hunan ar y cae hefyd.

Ym Mryste, roedd pob un ohonon ni yn gorfod cofrestru'n swyddogol ac roedd ein ffurflenni'n cael eu hanfon at Undeb Rygbi Lloegr yn Twickenham. Roedd rhaid cofrestru hyn a hyn o flaenwyr, hyn a hyn o gefnwyr ac ati. Strwythur go iawn fel sydd gan y dynion. Yr eironi mawr yw na fydden i'n gwbod hyn i gyd oni bai bod y diffyg strwythur yng Nghymru yn golygu bod dim byd yn ein stopio ni rhag chwarae yn Lloegr!

Fy nghlwb presennol i yw Cwins Caerdydd ac mae chwarae iddyn nhw wedi gwneud gwahaniaeth amlwg i'r bywyd cymdeithasol! Pan ma cinio blynyddol y clwb, dw i'n gallu cael tacsi lawr 'na, neu mynd â'r car a rhedeg i'w ôl e'n y bore. Mae mor braf gallu cael bywyd cymdeithasol a chwarae rygbi. Ond, petawn i wedi chwarae i'r Cwins ar hyd y blynyddoedd, fydden i ddim wedi cyrraedd y safon dw i wedi ei chyrraedd nawr.

Dw i wedi dweud hyn i gyd wrth wahanol aelodau o Undeb Rygbi Cymru, gan gynnwys Phil Davies, cyn-hyfforddwr y Scarlets. Fe oedd yn gyfrifol am yr adran yn yr Undeb sy'n rheoli rygbi menywod, cyn iddo fynd i Worcester fel hyfforddwr y blaenwyr yn gynharach yn 2010. Roedd e'n ddigon parod i wrando, ond nawr ma fe wedi mynd.

Wrth edrych nôl dros rygbi mewn clybiau menywod, mae'r safon o ran sgilie wedi gwella. Ond o ran cystadlu rhwng clybiau a lles y gêm yn gyffredinol, roedd yn well yn 1997 na ma fe nawr.

Ond, 'na fe, dw i'n dal i chwarae rygbi a dal i

fwynhau hynny'n fawr iawn. Does dim teimlad gwell na chwarae i'ch gwlad a daw mwy am y wefr o chwarae i Gymru nes mlaen – ond dyw e ddim yn wefr i gyd chwaith!

4

Magu Diddordeb

FALLE FOD AWGRYM O shwd y byddai pethe'n mynd i fi pan o'n i yn Ysgol Gynradd Gymraeg Llangennech. Roedd Mair fy chwaer, sy'n hŷn na fi, yn yr un ysgol hefyd ac roedd rhai o'r plant eraill yn pigo arni ac yn rhoi amser caled iddi'n weddol gyson. Fi, y chwaer fach o ran oedran a maint, oedd yn 'edrych ar ei hôl hi' ac yn cadw'r plant drwg draw. Doeddwn i ddim yn gwbod hynny ar y pryd, ond dyna arwyddion cynnar iawn mod i'n hoffi taclo a reslo!

Ond nid rygbi oedd y cariad cynta yn yr ysgol gynradd. Bob egwyl yn y bore a phob amser cinio roeddwn i a dwy ferch arall, Catrin a Zoe, yn chwarae pêl-droed. Ac wedyn chwarae eto ar y stryd ar ôl ysgol. Roedd y tair ohonon ni'n gystadleuol iawn a'r unig reswm ro'n ni'n chwarae pêl-droed oedd mai dyna'r peth rhwydda i'w chwarae ar yr iard gyda'r bechgyn. Yr unig beth arall oedd ar gael oedd tamed bach o griced yn yr haf a llai fyth o bêl-rwyd. Ac wrth gwrs, do'n i ddim yn gwisgo *trainers* i chwarae hyd yn oed, heb sôn am i fynd i'r ysgol. Cafodd y sgidie ysgol 'na driniaeth ddienaid 'da fi am flynyddoedd – a Mam wrth ei bodd â hynny, wrth gwrs!

Daeth y dydd wedyn i fi ddechre paratoi ar gyfer yr ysgol gyfun. Lawr â Mam a fi i siop enwog Reginald

Watson yn Llanelli i edrych am y wisg ysgol. Edrychais i drwy ddillad Ysgol Gyfun y Strade. Ond, wrth droi rownd, gwelais fod Mam yn dal siaced Ysgol St Michaels, sef yr ysgol breifat ar gyrion y dre. Ife dyna lle o'n i fod i fynd 'te? Nawr, roedd yn ddigon syml. Doeddwn i ddim am fynd i St Mike's o gwbwl.

Yn un peth, doeddwn i ddim ishe colli fy ffrindiau. Roedd pawb arall o Ysgol Llangennech yn mynd i'r Strade. Roeddwn yn ymwybodol bod y grŵp yr oeddwn yn rhan ohono ar fin mynd i un cyfeiriad a finne i gyfeiriad arall. Hefyd, doedd fawr o bwyslais ar gerddoriaeth yn St Mike's, na fawr o sylw i chwaraeon chwaith. Mewn gair, roedd y cwbwl yn academaidd iawn ei naws.

Fi? Mynd i St Mike's? Dim diolch.

Ond roedd un ffactor mawr yn dylanwadu ar y penderfyniad a wnaed i fy anfon i'r ysgol honno. Roedd Mami yn athrawes Gemeg yn yr ysgol. Felly, fe ddaeth y diwrnod i ddechre yn yr ysgol newydd. A wnes i ddim mwynhau'r profiad o fod yno o gwbwl, o'r diwrnod cynta tan i fi orffen. Fi'n cofio bod yn eitha trist ynglŷn â gorfod mynd yno, heb nabod neb yn fy mlwyddyn o gwbwl. Arhosodd y teimladau yna gyda fi drwy'r ysgol. Roedden nhw'n lliwio fy agwedd. Ddes i'n dipyn bach o rebel yn yr ysgol, i raddau helaeth am nad oedd dim byd o gwbwl i'w wneud yn ystod amser cinio nac amser egwyl. Doedd cloncan ddim yn opsiwn i fi! Daeth tennis i fy achub rywfaint. Roedd y cyrtiau gwair o flaen yr ysgol yn rhai da ac fe benderfynais mai dyna ble fyddwn i'n difa diflastod. Cyn ysgol, yn ystod pob egwyl, ac ar ôl ysgol yn aml, roeddwn i'n chwarae tennis.

Roedd y ffaith bod Mam nawr yn athrawes arna i

yn deimlad rhyfedd, ond yn fwy oherwydd agwedd y disgyblion eraill tuag at hynny nag unrhyw dyndra rhwng Mam a fi. Yn aml iawn, pan o'n i'n sefyll y tu fas i'r dosbarth yn aros i fynd mewn, bydden nhw'n gofyn, "What sort of mood is your mother in today then?" neu "What can we expect today?"

Mae'n siŵr nad oedd St Mike's yn ddrwg i gyd. Fe wnaeth yr ysgol yn siŵr na fydden i'n fethiant llwyr yn yr arholiadau. Un deg tri ohonon ni oedd yn y dosbarth ac roedd sylw aruthrol yn cael ei roi i bob un ohonon ni a'r gwersi yn cael eu pwnio i mewn i'n pennau ni'n ddyddiol. Ife bwydo gorfodol yw'r term? Wel, 'na beth oedd e beth bynnag! Ond, rhaid cyfadde, roedd e'n beth da o safbwynt ein haddysg ni. Y broblem oedd fy niddordeb i mewn dilyn gweithgareddau tu fas i'r cwricwlwm. Rheina oedd yn gwneud dyddie ysgol yn werth chweil i fi.

Ces gyfle i ddatblygu fy niddordeb cerddorol, a hynny yn groes i'r disgwyl. Roeddwn i'n chwarae'r ffliwt, sy'n syndod i lot sy'n fy nabod heddi! Ces wersi ffliwt yn gynnar iawn a Mam druan yn dacsi i fynd â fi i'r gwersi. I wneud pethe'n waeth, roedd y gwersi yn Langland ar Benrhyn Gŵyr, ddim cweit jest lawr yr hewl! Fe gyrhaeddais radd wyth yn y ffliwt ac yn yr ysgol roeddwn yn aelod o'r *ensemble* offerynnau chwyth. Fe allen i fod wedi troi'r diddordeb hwn yn yrfa yn ddigon rhwydd. Ond, 'na fe, fel'na mae. Dyna flas cynnar ar fod yn rhan o dîm a chymryd fy lle ochor yn ochor ag eraill wrth berfformio.

Roedd tamed bach o siâp ar y gerddoriaeth. Ond am y chwaraeon, wel, doedd dim siâp o gwbwl. Roedd yn rhaid chwarae hoci ar rhyw racsyn o gae anwastad. Ond, nid dyna'r drwg gwaetha. Dyna lle des i ar draws agwedd sydd wedi dod yn gyfarwydd iawn i fi dros y blynyddoedd. Doedd dim drwg yn perthyn i'r athro chwaraeon, ond roedd yn dangos agwedd y cyfnod a'i genhedlaeth e'n benodol.

Ar y caeau chwarae, roedd y bechgyn yn cael digon o sylw wrth gael eu hyfforddi mewn sgiliau rygbi angenrheidiol. Ond er mwyn gwneud hynny, rhaid oedd gadael i'r merched fwrw mlaen i chwarae hoci yn eu ffordd eu hunain. Os nad hoci, yna roedd cyfle i chwarae tennis ar y cyrtiau gwair o flaen yr ysgol.

Yn syml iawn, doedd hynny ddim yn ddigon da i fi – ddim yn ddigon i gadw fy niddordeb nac i fwydo'r chwant i gymryd rhan mewn chwaraeon a mwynhau'r bwrlwm a'r cyffro. Acrobateg oedd fy mywyd yn yr ysgol gynradd ac roeddwn yn rhan o glwb acrobateg adnabyddus Bynea, ger Llanelli, dan arweiniad Don Burley, oedd wedi hyfforddi cenedlaethau o blant i lefel uchel iawn. Nawr, yn fy arddegau, doedd y corff ddim yn gweddu i gymnasteg. Ond doedd yr ysgol ddim yn cynnig unrhywbeth yn ei le. Roedd yn rhaid chwilio am ddiddordeb arall.

Mae un cwestiwn mawr yn troi yn fy mhen ynglŷn â dyddie ysgol. Dyma un o'r achlysuron hynny pan mae rhywun yn holi 'tybed?', cwestiwn sydd mor rhwydd ei ofyn wrth edrych nôl dros eich bywyd. Ond, tybed a fydde pethe wedi bod yn wahanol iawn petawn i wedi mynd i'r Strade? Yn yr ysgol honno, roedd pwyslais mwy ffurfiol ar chwaraeon a strwythur i'r gwersi pêl-rwyd, hoci ac ati. I'r ysgol honno aeth Zoe, fy nghyd-chwaraewr pêl-droed ar iard Ysgol Llangennech. Fe aeth hi yn ei blaen i chwarae pêl-rwyd a badminton dros Gymru ac fe aeth y ddwy ohonon ni wedyn i Goleg Cyncoed. Petawn i yn y Strade, bydden i wedi gwneud beth bynnag oedd yn cael ei ddysgu yn yr ysgol, a heb weld yr angen i chwilio am bethe tu fas i'r cwricwlwm, fel oedd yn wir yn St Mike's. Falle, falle, bod y diffyg yn yr ysgol honno wedi fy arwain ar hyd llwybr na fydden i wedi ei ddilyn fel arall. Falle mai chwarae pêl-rwyd fydden i i Gymru nawr, neu hoci neu badminton. Falle na fydde rygbi hyd yn oed yn opsiwn i'w ystyried. Falle, falle!

Heb rywbeth arall i'w wneud bydde St Mike's wedi fy hala i'n benwan. Jiwdo oedd yr ateb. Ces fy ngeni yn y Fforest, ger Pontarddulais, a dyna lle o'n i'n byw trwy gyfnod yr ysgol gynradd a'r ysgol uwchradd. Agorodd clwb jiwdo newydd ym Mhontarddulais a gofynnodd Mami i fi fynd ag Owain fy mrawd iau i'r clwb. Mae saith mlynedd rhyngon ni, ac roedd Mami'n credu bod angen cwmni arno i fynd am y tro cynta. Daeth Mair fy chwaer hefyd. Ond fi ddangosodd y diddordeb mwya yn y diwedd a fi aeth â'r peth mlaen yn weddol bell, gallech chi weud! Doedd rygbi merched ddim hyd yn oed yn opsiwn bryd hynny – doedd neb wedi clywed amdano, mor syml â hynny.

Trwy ymuno â'r clwb jiwdo fe wnes i gyflawni rhywbeth ar lefel gymdeithasol hefyd. Des i nabod mwy o bobol Pontarddulais nag oeddwn wedi'i wneud erioed o'r blaen. Ond eto i gyd, dim ond pobol jiwdo oedden nhw. Yn yr ysgol, St Mike's erbyn hynny, roedd fy ffrindiau i gyd yn byw yn bell o'r ysgol. Roedd y rhan fwya o fy ffrindiau gorau i yn byw draw yng Ngŵyr ac roedd mynd i'w gweld yn golygu eitha trip! Tacsi Mami eto!

Pan oeddwn i adre, yn y cyfnodau hynny pan o'n i ddim gyda Mair fy chwaer neu Owain fy mrawd, roedd un peth penodol yn rhoi boddhad mawr i fi sef arlunio. Bydde orie'n mynd heibio wrth i fi baentio lluniau dyfrlliw o dirluniau yn benodol. Roeddwn i'n lwcus hefyd bod help ar gael yn weddol agos – roedd y dyn drws nesa yn arlunydd. Roedd mynd i dŷ Bill a Wendy Evans yn bleser pur i fi. Roedd siop fframio lluniau gyda fe ym Mhontarddulais ac roedd e'n arlunydd hefyd. Fe dreuliodd e amser yn dangos i fi shwd oedd paentio a pha bethe oedd orau i fi eu defnyddio i wneud beth. Ma 'da fi gof clir ohono fe'n dysgu fi sut oedd paentio coeden yn iawn. Wedi'r oriau yn fy stafell wely yn paentio rhyw lun neu'i gilydd, bydden i wedyn yn mynd â nhw drws nesa i ddangos i Bill. Bob haf, roedden ni fel teulu'n mynd am wyliau carafán a phaentio fydden i'n hoffi gwneud fan'na hefyd ac, wrth gwrs, roedd Bill yn cael gweld y lluniau yna. Roedd wastad ganddo sylw ynglŷn â'r gwaith a, chwarae teg, fe wnaeth e fframio sawl un i fi hefyd. Aeth rhai o'r lluniau lan ar y wal yn y tŷ. A dyna deimlad ffantastig oedd gweld un o'r lluniau wedi ei fframio ar wal syrjeri Dadi a finne dim ond yn 13 oed!

Mae'r diddordeb mewn arlunio dal 'da fi, ac yn eitha cryf. Ond, amser i baentio yw'r broblem nawr. Dyw cystadlu yng Nghwpan y Byd gyda'r rygbi ac yng Ngemau'r Gymanwlad gyda'r reslo ddim yn caniatáu amser i fwynhau diddordebau mwy cynnil a thawel bywyd! Dw i yn gwneud ychydig o baentio o bryd i'w gilydd, cerdiau Nadolig neu ben-blwydd fel arfer. Ond, gallaf wastad edrych ymlaen at y blynyddoedd ar ôl ymddeol, cael cydio yn y brws go iawn a mynd nôl at yr oriau o baentio oedd yn gymaint rhan o 'mywyd yn fy arddegau.

Doedd dim amheuaeth beth fydde fy mhynciau

Lefel A yn St Mike's, felly. Arlunio heb os, ac yna Ffrangeg hefyd. Dyna'r ddau beth oedd wrth fy modd. Ond roedd problem. Doedd St Mike's ddim yn cynnig yr un o'r ddau bwnc i safon Lefel A. Doedd dim byd arall o'n i ishe gwneud. Beth oedd y cam nesa, felly, a finne'n 16 oed? Dim ond un ateb oedd, symud ysgol. A dyna wnes i, gan fynd hyd yn oed ymhellach o adre, i Ysgol Ferched Howells, Caerdydd. Newid byd a newid bywyd!

5

Gadael Cartre

A DWEUD Y GWIR, doeddwn i ddim yn hollol siŵr bo fi ishe mynd i'r chweched ta beth ac roedd methu gwneud y pynciau o'n i wir ishe eu gwneud yn swno fel esgus da i beidio â chario mlaen. Ond roedd rhaid meddwl am yr opsiynau amrywiol oedd ar gael. Roedd aros yn St Mike's yn un, wrth gwrs, ond bydden i'n gorfod gwneud pynciau nad oeddynt wrth fy modd a dweud y lleia. Awgrymwyd y gallwn fynd i Goleg Gorseinon. Ond, daeth un syniad arall i'r amlwg yn raddol bach.

Roedd athrawes o bentre Llannon, ddim yn bell o'r ysgol, yn dod aton ni ambell waith i helpu gyda gwersi, a chynnig hyfforddiant ychwanegol mewn gwirionedd. Roedd ei merch hi, Katie, yn mynd i Ysgol Howells yng Nghaerdydd ac roedd hi'n sôn am ei merch nawr ac yn y man. Ar yr un pryd, roedd ffrind i fi yn yr ysgol, Roz, wedi dangos diddordeb mewn mynd i Howells ei hun. Yn sydyn reit, roedd Howells yn opsiwn. A finne ddim ishe mynd i St Mike's ar y dechre!

Ces i afael mewn prosbectws. Grêt! Roedden nhw'n gwneud y pynciau roeddwn i am eu gwneud i Lefel A. Dechre gwych, digon i wneud i fi ishe mynd draw i'r ysgol i'r wythnos gyflwyno oedd yn digwydd yn ystod gwyliau'r haf, yn syth ar ôl yr arholiadau

TGAU. Fe aeth honno yn arbennig o dda ac roeddwn i wedi dwli ar y lle. Un ffactor amlwg i fi oedd bod cymaint o bethe'n mynd mlaen yn yr ysgol heblaw am yr hyn oedd ar y cwricwlwm. Mewn ysgol fel'na, roedd yn rhaid cael cyfweliad ffurfiol er mwyn cael eich derbyn ac ysgrifennu traethodau ar bynciau amrywiol hefyd. Doeddwn i ddim yn sylweddoli ei bod hi'n gymaint o broses mewn gwirionedd, ond fe aeth y cwbl yn iawn.

Roedd angen un sgwrs arall wedyn – a oedd fy rhieni yn gallu fforddio fy anfon i dderbyn addysg o'r fath? Wedi'r cyfan, roedd yn ysgol breswyl ac roedd angen talu i fi fyw yno am ddwy flynedd academaidd. Roedd fy nheimladau am fyw bant yn rhywbeth i'w ystyried, wrth gwrs, a doedd e ddim yn benderfyniad rhwydd. Ond roedd yn sicr yn rhan o'r apêl hefyd.

Doedd dim disgwyl i ferched y chweched dosbarth wisgo dillad ysgol ac roedd hawl ganddon ni wisgo fel o'n ni ishe. Yn ystod blynyddoedd un i bump, roedd yr hostel lle roedd y merched yn byw yn *strict* iawn, mwy fel *dormitories* a dweud y gwir, ac roedd rheolau llym iawn. Er enghraifft, doedden nhw ond yn cael caniatâd i wylio hanner awr o deledu y dydd.

Ond yn y chweched, roedden ni'n rhannu tai, rhyw ugain ohonon ni i gyd. Rhannu stafelloedd oedd y drefn ym mlwyddyn gynta'r chweched ac fe ges i rannu gyda Roz a ddaeth gyda fi o St Mike's. Roedd hynny'n help mawr – ac roedd y ddwy ohonon ni yn chwarae'r ffliwt hefyd. Doedd dim cyfyngu ar faint o deledu roedden ni'n cael ei wylio, roedd ganddon ni gegin lawr llawr i ni'n hunain a stafell gyda bwrdd pŵl hefyd. Roedd *housemistress* 'da ni, oedd, ac roedd hi'n byw lawr llawr. Roedd yn rhaid cael ei chaniatâd hi os am fynd o'r safle ac arwyddo llyfr i ddweud ble oedden ni'n mynd. Doedd hi ddim yn broblem o gwbwl i fi gael caniatâd i fynd i Erddi Soffia i ymarfer jiwdo. Felly, roeddwn yn agosach o lawer at gyfleusterau hyfforddi o safon uchel.

Teimlad od, od iawn oedd gadael cartre yn 16 a mynd i ysgol breswyl breifat. Doedd e ddim yn rhan o unrhyw gynllun, ddim yn rhan o unrhyw batrwm. Nawr, wrth edrych nôl ar y ddwy flynedd yna, aeth y cwbwl heibio'n gloi, roedd fel breuddwyd. Ond roedd yn gyfnod allweddol i fi. Roedd pwysau i wneud yn dda yn rhan o anadlu'r ysgol. Llwyddais i gael graddau TGAU digon teidi yn St Mike's, sawl A, ychydig o Bs ac ambell C. Ond roedd yr ysgol honno dipyn yn fwy cymysg o ran gallu na Howells. Ac yma roedd yr athrawon yn ein trin ni mwy neu lai fel oedolion.

Roedd patrwm y diwrnod yn wahanol iawn, wrth gwrs. Codi'n gynnar a draw i gael brecwast yn y prif adeilad erbyn 7.45. Pawb yn eistedd wrth fyrddau hir, hir. Ond, wrth gwrs, roedd yn rhaid i fi godi'n gynt na'r rhan fwya o'r lleill a mynd mas i redeg o amgylch y Tyllgoed yng Nghaerdydd cyn brecwast. Felly, roedd fy niwrnod i yn un gweddol hir! O'n i hefyd yn cadw gofal ar yr hyn o'n i'n ei fwyta ac yn rhoi pwyslais mawr ar golli pwysau a chadw'r pwysau iawn ar gyfer cystadlaethau jiwdo. Felly, roedd rhedeg yn hollbwysig i gael gwared ar pa fwyd bynnag oedd yn stico arnai! Yna, lan â ni ar ôl brecwast i'r rhan o'r ysgol oedd ar gyfer y chweched dosbarth yn unig i gael ein gwersi. A dyna lle'r oedd ein hystafell gyffredin ni hefyd.

Ar ôl i'r gwersi orffen, roedd awr yn sbâr cyn i

ni gyd gael te. Doedd dim hawl mynd nôl i'n tŷ ni unrhyw bryd yn ystod y dydd, felly o'n i fel arfer yn gwneud gwaith cartre neu yn mynd am dro i bentre Llandaf gyda ffrindiau.

Roeddwn i wrth fy modd yn canu yng nghôr yr ysgol. Roedd adeilad anhygoel ar y safle i'r gerddorfa, adeilad digon moethus. Pleser oedd bod yn rhan o'r gerddorfa a mwynhau'r cyfle i ddatblygu fy ngallu i chwarae'r ffliwt. Daeth cyfle hefyd i drio ambell gamp nad oeddwn wedi eu trio o'r blaen, yn enwedig *lacrosse*, sydd bron â bod yn gyfan gwbwl gyfyngedig i ysgolion preifat. Fe wnes i gynrychioli'r ysgol mewn cystadlaethau *lacrosse* a mwynhau mas draw!

Ond er hyn i gyd, roeddwn i'n teimlo'n hollol wahanol i bawb arall trwy gydol y ddwy flynedd. Roeddwn i'n wahanol o ran edrychiad, yn un peth. Gwallt byr brown oedd 'da fi, wedi ei dorri, ddim ei steilio, yn y barbwr am £5. Crys-T a thracwisg oedd fy hoff ddillad. O'n i ffaelu credu bod merched yr un oedran â fi'n gallu edrych mor dda, eu gwalltiau wedi steilio a'u dillad mor trendi – a'r cwbwl er mwyn mynd i'r ysgol. Canlyniad hyn oedd gwneud i fi deimlo bo fi'n hyll. Doeddwn i byth yn teimlo'n bert, byth yn teimlo bod unrhyw glem o gwbwl 'da fi am ffasiwn. Ddaeth hynny ddim tan i fi adael coleg. O ganlyniad, doeddwn i byth yn teimlo'n rhan o'r gang gyda'r merched i gyd, byth yn rhan o'r gang oedd yn mynd mewn i'r dre ar nos Sadwrn.

Mae'n anodd gwbod pwy oedd ar fai mewn gwirionedd. Roeddwn i'n ymarfer drwy'r amser, yn mynd i ganolfan hamdden Penyrheol yng Ngorseinon ar y penwythnos ar gyfer jiwdo, adre i wylio'r rygbi gyda Dadi a, nos Sul, yn mynd nôl ar y trên i Howells.

Ai dyna oedd y patrwm am nad oeddwn i'n un o'r gang? Neu ai fel arall oedd pethe?

Roedd arian yn broblem arall. Roedd fy rhieni wedi talu am bopeth i fi yn Howells – lle i aros, bwyd ac addysg. Ond roedd ishe pethe fel ffi trwydded ar gyfer jiwdo, ffi mats, ffi cymryd rhan mewn cystadlaethau, coste teithio ac yn y blaen. Roeddwn i'n gofyn am sieciau o bryd i'w gilydd, ond roedd pen draw i faint oedd ar gael a faint o'n i'n lico gofyn amdan. Roeddwn i'n teimlo'n euog iawn yn gofyn o gwbwl, gan iddyn nhw gefnogi fy addysg yn St Mike's yn ogystal â Howells nawr. Felly, roedd arian 'mynd mas i chware' yn isel iawn ar y rhestr. Teimlad annifyr iawn oedd teimlo nad oedd fyth arian 'da fi. Doeddwn i byth yn hoffi teimlo felly, ac roedd wastad yn chwarae ar fy meddwl, er bo fi'n deall y rhesymau'n iawn.

Prin oedd y Gymraeg yn yr ysgol, wrth gwrs, ond yn fuan iawn fe gwrddais i â ffrind Cymraeg, Caroline Henderson, oedd yn ail flwyddyn y chweched. Roedd hi wedi dysgu Cymraeg, er na ddwedech chi fyth nad Cymraeg oedd ei hiaith gynta. Fe ddes yn ffrind iddi'n syth ac fe fydden ni'n treulio bron bob nos yn y cyfnod cynta yn ei stafell hi'n cloncan yn Gymraeg. Gweles i ei hishe hi'n fawr pan adawodd hi'r ysgol. Mae'n byw yn yr Eidal nawr ond ry'n ni'n dal i gadw mewn cysylltiad â'n gilydd.

Mae'n siŵr bod y Gymraeg wedi bod yn help i fi setlo mewn ysgol oedd mor wahanol i fywyd y Fforest neu Langennech a hyd yn oed St Mike's. Er bod St Mike's yn ysgol breifat, roedd hi wedi ei lleoli yng nghanol awyrgylch Gymreig gorllewin Cymru. Fe helpodd hynny i fi deimlo dipyn mwy 'normal' wrth gymryd fy lle mewn ysgol breswyl breifat, yn llawn myfyrwyr nid yn unig o Gymru, ond o rannau eraill o Brydain ac o dramor hefyd. Mae'n wir hyd heddi bo fi'n teimlo'n fwy fel fi fy hunan gyda phobol sy'n Gymry Cymraeg, o ran ffrindiau a chyd-chwaraewyr yn nhîm rygbi Cymru.

Y tair ffrind orau arall oedd 'da fi yn yr ysgol, heblaw am Caroline, oedd y tair oedd yn gwneud Lefel A Cymraeg gyda fi. Ein hathrawes oedd Carol Davies, gwraig Huw Llywelyn Davies. Trodd 6^{ii} i fod yn gyfnod unig a dweud y gwir. Doedd e ddim yn help ein bod ni fel merched hŷn yr ysgol yn cael stafell i ni'n hunain yn ystod y flwyddyn honno. Ar ben hyn oll, wrth wneud Lefel A Cymraeg, roedd gofyn edrych ar raglenni teledu Cymraeg. Felly, fe wnes i ddadlau fy achos a chael caniatâd i gael *portable* du a gwyn yn fy stafell. Roedd hynny'n grêt! Ond roedd, wrth gwrs, yn golygu bo fi yn fy stafell ar fy mhen fy hun yn fwy na dylen i fod. Mae'r holl syniad o unigrwydd yng nghanol prysurdeb yn rhywbeth sydd yn dal gyda fi heddi. Dyw e ddim yn ddrwg o beth i gyd, mae'n rhaid dweud, ond mae cyfnodau pan mae'n gallu bod yn beth drwg.

Yn ystod 6^{ii} wnes i gwrdd â merch o'r enw Tracy Evans oedd yn ymarfer jiwdo yr un pryd â fi bob nos Fawrth yng Ngerddi Soffia. Roedd hi'n fyfyrwraig yng Nghyncoed ac yn gwneud yr un radd ag es i mlaen i'w gwneud. Dechreuodd yr arfer wedyn o fynd lan i Gyncoed ar benwythnosau. Des i nabod llwyth o fyfyrwyr yno ac, i bob pwrpas, byw fel myfyrwraig. Yn ddigon arwyddocaol, mae Tracy yn Gymraes Gymraeg ac roedd mynd at ei theulu hi yn y Gogledd yn eitha *treat* nawr ac yn y man. Mewn blynyddoedd i ddod, byddai'r ddwy ohonon ni'n mynd gyda'n gilydd i Gemau'r Gymanwlad gyda thîm jiwdo Cymru. Does dim amheuaeth bod hyn i gyd yn ddylanwad ar fy newis o goleg ar ôl gadael Howells.

Y peth mwya cadarnhaol i gyd am fywyd yn Howells oedd cael astudio Lefel A Cymraeg. Doedd dim Cymraeg yn St Mike's o gwbwl, ac roedd hynny'n od. Wrth edrych nôl nawr, cafodd Carol Davies fwy o ddylanwad arna i nag o'n i'n ystyried ar y pryd. Hi oedd yn ein hannog i edrych ar raglenni Cymraeg, ac roedd yn eu cynnwys fel rhan o'r gwersi. Roedd hynny'n gam ymlaen i rhywun fel fi oedd byth yn edrych ar raglenni Cymraeg cyn hynny. Heb os, roedd ei chyfeiriadau achlysurol at waith ei gŵr Huw yn y BBC wedi cynnau rhyw ddiddordeb cynnar ynof yn yr hyn oedd yn mynd mlaen yn y cyfryngau. Hi aeth â fi i fyd theatr Gymraeg am y tro cynta erioed. Roedd hi'n mynd â grŵp ohonon ni i'r Sherman, fel arfer ar ôl oriau ysgol, i weld dramâu Cymraeg.

Ges i yffach o sioc un noson wrth fynd ar un o'r tripiau 'ma. Roedd Mrs Davies wedi dod â'i gŵr gyda hi! Sdim cof 'da fi o fod yn *starstruck* cyn hynny, ond roeddwn i'r noson honno wrth sefyll a siarad gyda Mr Rygbi, Huw Llywelyn Davies. O'r foment honno mlaen, roedd 'da fi fwy o ddiddordeb o lawer yn y sylwebaeth ar gemau rygbi. Diolch byth ein bod ni'n cael edrych ar ambell un o'r rheina hefyd yng ngwersi Carol Davies, yn enwedig yn 1991, pan oedd Cwpan y Byd ymlaen. Dyna ddylanwad arall!

Mae wedi cael dylanwad sylweddol, dw i'n gweld hynny nawr. Pan wnes i adael Howells, roeddwn yn gadael fel rhywun a chanddi fwy o ddiddordeb mewn pethe Cymraeg nag oedd 'da fi pan ddechreuais yn yr ysgol. Roedd 'da fi fwy o amgyffred o fyd rygbi a mwy

o syniad o beth oedd byd y cyfryngau. Pa ddylanwad
gafodd hyn arna i wedi hynny?

Buodd yn help hefyd wrth drefnu profiad gwaith
i fi yn adran chwaraeon y BBC yn Llandaf. Wnes
i ddim byd mwy na logio tapiau di-ri a dilyn John
Hardy o gwmpas fel oen bach, ond roedd bod yn y
BBC wedi cynnig y blas cynta o fyd teledu i fi. Erbyn
cyrraedd coleg, roedd y blas hwnnw wedi hen fynd.
Ond fe ddaeth nôl.

Mae meddwl am y cyfnod yma yn sicr wedi bod
yn agoriad llygad o ran y dylanwadau yn fy mywyd.
Dyma'r bobol dydych chi ddim yn ystyried ar y pryd
iddyn nhw fod yn ddylanwad arnoch ac yn gyfrwng i
symud eich bywyd yn ei flaen. Ond maen nhw yno. Y
dylanwadau tawel.

6

Trwy Hap a Damwain?

DOES DIM AMHEUAETH MAI yn ystod blynyddoedd fy arddegau y cydiodd yr awydd ynof i droi chwaraeon yn ffordd o fyw yn hytrach na rhywbeth i lenwi amser sbâr. Ac os oedd Carol Davies yn ddylanwad pendant mewn un maes, roedd boi o'r enw Ian Lewis yn ddylanwad cwbwl wahanol ac effeithiol tu hwnt ym maes chwaraeon. Mae'n fy nharo'n aml, yn enwedig wrth roi fy stori ar bapur, shwd mae trywydd bywyd yn gallu cael ei lunio ar sail penderfyniadau bach sy'n ymddangos yn ddigon dibwys ar y pryd. Roedd awgrym fy mam y dylai Owain, Mair a fi fynd i jiwdo ym Mhontarddulais, a'r tri ohonon ni dal yn blant, yn un a gafodd effaith dw i'n dal i'w theimlo heddi. A thrwy rhyw ffordd fel'na wnes i gwrdd ag Ian Lewis hefyd.

Mae siop *chips* Dick Barton's yn y Mwmbwls yn enwog drwy orllewin Cymru, a thu hwnt dw i'n siŵr. Tu ôl i'r siop yna wnes i gystadlu mewn jiwdo am y tro cynta a hynny achos bod Mair yn cystadlu'r un pryd. Fe wnaeth hi'n dda iawn ar y dechre, cyn penderfynu nad oedd hi am gario mlaen. Datblygodd clwb Pontarddulais i fod yn glwb da iawn yn gloi iawn ac fe wnaeth y byg jiwdo gydio yndda i go iawn. A dweud y gwir, daeth yr amser yn weddol gloi pan nad oedd y clwb yn cynnig digon o sialens i fi mwyach. Roedd angen her arall.

Trodd fy sylw at Lanelli a sied fach y tu ôl i'r pwll nofio yn y dre. Roedd Steadman Davies yn enw chwedlonol trwy fyd jiwdo Prydain a thu hwnt hefyd. Dechreuodd glwb jiwdo yn Llanelli yn y pumdegau ar ôl iddo ddod ar draws disgyblaethau fel jiwdo ac *aikido* yn y Dwyrain Pell yn ystod yr Ail Ryfel Byd. Mae'r Clwb Sanshirokwai Jiwdo wedi bod yn y sied y tu ôl i'r pwll ers 1974. Cafodd Steadman MBE ar ddydd Gŵyl Dewi 2002 ac yn y byd jiwdo roedd yn cael ei gyfarch fel Sensei, sef athro neu arweinydd ysbrydol. Roedd e'n cael y parch dyledus gan bobol hefyd. Bob tro y byddai'r diweddar Ray Gravell yn mynd mewn i stafell lle roedd Steadman, byddai Ray yn ei gyfarch yn barchus, "Sensei, may I sit down please?" Mae hynny'n dweud lot am Ray hefyd, wrth gwrs.

Un o ddisgyblion Steadman oedd Ian Lewis. Pan ddechreuais i gyda'r clwb roedd Ian yn felt glas ac yntau ddeng mlynedd yn hŷn na fi. Un noson, roeddwn i wedi cyrraedd y clwb yn gynnar a dyna lle'r oedd Ian yn ymarfer trwy wneud *sit-ups*. Doeddwn i ddim wedi gweld unrhyw un mor ffit o'r blaen. Un peth aeth trwy fy meddwl i, "Dw i ishe bod mor ffit â hynny."

Falle mai dyna'r dechre. Gweld ffitrwydd o'r radd ucha a gwbod ym mêr fy esgyrn bo fi'n barod am yr ymroddiad oedd ei angen i gyrraedd y lefel yna fy hunan. Roeddwn am fod yn rhan o'r byd yna. Cyn hir roedd Ian wedi gweld hynny ei hun.

"Bydd Non yn dda iawn ar y jiwdo 'ma," meddai wrth rannu peint gyda 'nhad yn y Gwyn, Pontarddulais.

"Mae wedi dechre'n arbennig a ma dyfodol iddi os yw hi moyn stico ato fe."

Dw i'n credu i hynny helpu. Nawr roedd fy nheulu'n gwbod bod rhywun o'i safle e'n credu bod 'da fi botensial o leia. Roedd hyn yn ystod cyfnod pan oedd fy rhieni, yn ddigon naturiol, yn pregethu am bwysigrwydd canolbwyntio ar waith ysgol tra o'n inne ishe gwneud mwy a mwy o jiwdo. Y penwythnos wedi'r sgwrs yn y Gwyn, fe enillais Bencampwriaeth Cymru dan 16.

Roedd y misoedd o ruthro nôl a mlaen o adre i Lanelli yn dechre talu ffordd. Roeddwn yn aml yn cael lifft gydag Ian a'i ffrind Toti – sdim syniad 'da fi beth yw ei enw iawn e! Ond os nad oedd hynny'n bosib, roedd yn rhaid dal bws. Yn aml, roedd yn rhaid i fi redeg oddi ar y matiau am ddeng munud i naw er mwyn dal y bws ola nôl am naw. Roeddwn yn awyddus i gael cymaint o hyfforddiant jiwdo ag oedd yn bosib, felly dechreuais fynd i glwb jiwdo Gorseinon hefyd. Dyma'r drefn: roeddwn i'n mynd i glwb Steadman bob nos Lun a nos Iau, Gorseinon bob nos Sul a nos Fercher ac yn dal i fynd yn achlysurol i'r clwb a ddechreuodd y cyfan ym Mhontarddulais hefyd. Gallech chi ddweud bo fi'n byw a bod jiwdo!

Dyma pryd yr awgrymodd Ian y dylen i roi sylw i agweddau eraill o ffitrwydd gan gynnig bo fi'n dechre rhedeg o ddifri. Roeddwn eisoes wedi gweld ei lefel ffitrwydd e a faint o ymdrech roedd e'n ei roi i gynnal y lefel yna. Felly, wnes i gytuno a dechre mynd mas i redeg gydag e gan ddechre ar fynydd gweddol serth y tu fas i Bontarddulais o'r enw The Scar. Dechreuais hyfforddi trwy sbrintio wedyn ar y cae rygbi yn y Bont. Dw i'n credu mai dyna pryd welais i bod ffitrwydd yn agwedd feddwl hefyd ac mae arna i ddyled fawr iddo fe am ddangos hynny i fi.

Ond, yn anffodus, mae tro trist i'r stori hon. Am ryw reswm, dechreuodd Ian adael pethe i fynd a throi at y botel. Rhoddodd lwyth o bwysau mlaen a rhoi'r gorau i ymarfer. Trodd at gyffuriau hefyd a chyn hir roedd wedi colli ei swydd yng ngwaith dur Pontarddulais. Roedd yn anodd iawn gweld rhywun fel fe yn mynd i'r fath gyflwr. Fe gadwes i mewn cysylltiad tan i fi fynd i'r Brifysgol ac fe fydden i'n galw yn y tŷ i weld fe a'i wraig a'i blant yn achlysurol. Ar ôl hynny, bydden i'n clywed nawr ac yn y man trwy Mair ei bod wedi ei weld ac nad oedd golwg dda arno o gwbwl.

Yna, un dydd, clywais fod Ian wedi marw. Roeddwn wedi fy shiglo yn shwps, ac i wneud pethe'n waeth, ches i mo'r newyddion tan ar ôl yr angladd. Dw i'n dal i deimlo tan heddi nad ydw i wedi gallu gorffen y stori yna yn fy mywyd yn y ffordd gywir. Does dim *closure* wedi bod ar farwolaeth rhywun a chwaraeodd ran mor ganolog yn y ffaith bo fi ble ydw i nawr. Roedd wedi gwahanu oddi wrth ei wraig pan fuodd farw ond dw i'n aml yn teimlo y byddai cael sgwrs gyda hi o fudd i fi ac yn help i gau pen y mwdwl ar yr holl beth. Ond dyw hynny ddim yn debygol o allu digwydd, felly mae'n rhaid i fi fyw gyda'r sefyllfa fel ag y mae.

Oherwydd i fi ennill Pencampwriaeth Cymru, roeddwn yn rhan o garfan jiwdo Cymru ac o ganlyniad yn mynd bant lot i'r cystadlaethau amrywiol. Dyna ddechre bywyd ar yr hewl. Roedd y bws yn aml yn fy nghodi yn yr Hendy er mwyn mynd i Birmingham. Dw i'n cofio meddwl bod Birmingham lot yn bellach na ma fe mewn gwirionedd achos ein bod ni'n stopio bob man i godi pobol. Roedd y daith yn cymryd oriau! Heblaw am hynny, a'r ffaith bod yr oedolion i gyd yn llanw'r bws gyda mwg eu sigaréts, roedd y teithiau'n lot fawr o hwyl.

Cefais fy newis i fod yn rhan o dîm Cymru ym Mhencampwriaethau'r Gymanwlad yn 1992. Roeddwn i'n dal yn Ysgol Howells a fi oedd aelod ifanca'r garfan. Ches i ddim medal yn y gemau hynny, ond roedd yn brofiad arbennig i athletwr mor ifanc i fod yn rhan o gystadleuaeth ryngwladol. Doedd jiwdo ddim yng Ngemau'r Gymanwlad yn y blynyddoedd hynny, felly Pencampwriaethau'r Byd oedd y brif gystadleuaeth. Yn y Pencampwriaethau canlynol yn Malta enillais fedal arian ac eto yn y Pencampwriaethau nesa – a oedd yn Mauritius! Roedd hynny'n lyfli! Ond, roedd mynd yno yn un o'r penderfyniadau anodd cynta roedd yn rhaid i fi ei wneud fel rhywun sydd wedi dewis cymryd rhan mewn sawl camp. Er mwyn mynd i Mauritius a chystadlu ym Mhencampwriaethau'r Gymanwlad roedd yn rhaid i fi golli'r cyfle i ennill fy nghap cynta dros Gymru – a hynny yn erbyn Lloegr hefyd! Cefais fy newis ar gyfer y gêm gan yr hyfforddwr ar y pryd, sef Paul Ringer, y cyn-chwaraewr rhyngwladol. Daeth fy nghap cynta yn ddigon buan ar ôl i mi gyrraedd adre o'r gemau a hynny yn erbyn yr Alban.

Erbyn 2002, roedd trefnwyr Gemau'r Gymanwlad ym Manceinion wedi penderfynu cynnwys jiwdo yn y gemau a hynny am y tro cynta ers gemau Auckland yn 1990. Ond rhwng Mauritius a Manceinion, roedd y dynfa i chwarae rygbi wedi cydio. Fe ddes i fan lle roedd yn rhaid rhoi'r gorau i jiwdo er mwyn gallu dechre chwarae rygbi go iawn. Ond roedd Alan Jones, hyfforddwr tîm Cymru, wedi gweld cynnwys jiwdo yng ngemau Manceinion yn abwyd cryf i fy nenu i nôl. Ac roedd e'n iawn!

Well i fi beidio anghofio sôn i fi ddechre codi pwysau yn y cyfnod cyn gemau Manceinion hefyd! Dechreuodd y cyfan fel rhan o'r ymarfer rygbi. Roedd Delyth Morgan yn defnyddio codi pwysau fel rhan o'i pharatoadau ffitrwydd rygbi, a hi ddangosodd i fi wedyn shwd oedd gwneud y ddau brif symudiad, sef y *clean and jerk* a'r *snatch*. Wrth edrych nôl, mae'r gallu hwnnw wedi rhoi mantais aruthrol i fi o ran pŵer a chryfder mewn cymaint o wahanol feysydd. Dyw lot o ferched hyd yn oed heddi ddim yn hoffi codi pwysau fel rhan o'u rhaglen hyfforddi ar gyfer ffitrwydd. Mae'n anodd iawn eu cael nhw i'w wneud e. Ond ma fe wedi bod yn werthfawr iawn i fi. Trodd yr ymarfer yn gystadlu ar ôl sylw wrth fynd heibio gan ddyn o'r enw Mark Jordan yn *gym* Kicks, Gorseinon.

"You're lifting a hell of a lot of weight," medde fe wrtha i un dydd. "Have you thought of doing it in competition?"

Wel, 'na' oedd yr ateb syml. Rhan o hyfforddiant rygbi oedd e a dyna ni, mor bell ag o'n i yn y cwestiwn. Ond roedd Mark wedi plannu hedyn. Cyn hir, ar ôl hyfforddiant go iawn, roeddwn wedi ennill Pencampwriaethau *Powerlifting* Ieuenctid y Byd pan oeddwn i'n 23 oed. Wrth gystadlu yn y gystadleuaeth yna, dywedodd un o'r merched eraill wrtha i y dylen i feddwl am godi pwysau yn hytrach na *powerlifting* gan fod codi pwysau yn cael ei chydnabod fel camp Olympaidd ond nid *powerlifting*. Felly, draw â fi at y codi pwysau a dechre hyfforddi gyda Michaela Breeze, ymhlith pobol eraill. Roedd hi wedi cystadlu yn y Gemau Olympaidd a hi oedd capten tîm Cymru yng Ngemau'r Gymanwlad yn Delhi yn 2010.

Felly, roedd dechre'r mileniwm newydd yn gyfnod o drio meistroli tair camp – jiwdo, codi pwysau a rygbi. Roeddwn wedi cyrraedd y safon angenrheidiol i gael fy newis ar gyfer tîm jiwdo Cymru a thîm codi pwysau Cymru yng ngemau Manceinion, felly roedd digon ar fy mhlât.

Roedd yn ddigon o anrhydedd i gael fy newis i gynrychioli Cymru mewn dwy gamp wahanol yn yr un Gemau'r Gymanwlad. Ond yna dechreuodd pawb sôn am record byd – doedd neb wedi gwneud hynny erioed o'r blaen dros unrhyw wlad. Doedd y fath ffaith ddim wedi croesi fy meddwl. Ond, mae'n debygol iawn ei bod yn wir ac mai fi oedd y gynta.

Ond – mae'n od fel ma wastad rhaid i 'ond' godi ei ben – roedd hyd yn oed hynny yn creu problem i fi. Roedd y codi pwysau yn golygu magu cyhyrau a'u datblygu orau gallwn i. Ar y llaw arall, roedd angen cadw'r pwysau lawr ar gyfer ymladd jiwdo. Shwd ar y ddaear oedd gwneud y ddau yr un pryd wrth gystadlu dros eich gwlad? Cefais fy newis ar gyfer categori 57 kilo jiwdo ond roeddwn yn codi pwysau dan 63 kilo. Tipyn o wahaniaeth. Felly, roedd yn rhaid colli pwysau trwy chwysu gymaint ag y gallwn i ar gyfer y jiwdo. Ar ddiwrnod y pwyso, roeddwn yn 56.1 kilo ac wedi dadhydradu'n sylweddol. Ond y diwrnod ar ôl cystadlu yn y jiwdo, roedd y gystadleuaeth codi pwysau. Ar y glorian y diwrnod hwnnw roeddwn yn 62.7 kilo. Dros nos, felly, roeddwn wedi magu cymaint â stôn o bwysau er mwyn cystadlu. Mae hynny mor ddrwg i chi, ma fe'n hollol wallgo a dweud y gwir. Ond, mewn sefyllfa fel'na, mae'n rhaid gwneud beth sy'n rhaid ei wneud. Galle fe wedi bod yn waeth petai'r codi pwysau cyn y jiwdo a finne'n gorfod colli'r pwysau hwnnw dros nos. Pwy bicil fydden i ynddo fe wedyn?

Fe ddes yn bedwerydd yn y jiwdo ac wythfed yn y codi pwysau. Roedd y ddau ganlyniad yn ganlyniadau personol gorau i fi, felly roeddwn yn ddigon hapus â hynny. Doeddwn i ddim yn disgwyl clywed y sylwadau glywais i gan rai o'r lleill oedd yn cystadlu yn y codi pwysau.

"Ma'r profion 'ma am gyffurie yn lladd y gamp, creda di fi!" meddai un o brif athletwyr codi pwysau un o'r gwledydd eraill.

Hynny yw, roedd yr arfer o gymryd cyffuriau amrywiol er mwyn gwella'r cryfder a'r perfformiad yn hollol gyffredin ac roedd y safon yn cael ei difetha gan y profion swyddogol yr oedd yn rhaid eu gwneud. Yr awgrym cryf oedd y byddai'r gamp yn llawer gwell petai pawb yn cael cymryd cymaint o gyffuriau gwella'r corff a'r cyhyrau ag yr oedden nhw ishe! Rhwystr oedd y profion a dylid caniatáu cymryd cyffuriau am eu bod yn eich cryfhau.

Y broblem oedd nad oedd gwledydd eraill yn rhoi profion cyffuriau i athletwyr fel mae gwledydd Prydain yn ei wneud. A beth bynnag am ddadl pobol o wledydd eraill ynglŷn â chymryd cyffuriau, does dim gwadu bod y profion i athletwyr Prydain yn eithafol o llym. Roeddwn i, fel pawb arall mae'n siŵr, yn cael profion bob wythnos. Doedd e ddim yn anghyffredin i fi glywed cnoc ar y drws ar brynhawn dydd Sul, a gweld y swyddogion profi yn sefyll ar stepen y drws.

'*Out of competition testing*' oedd yr enw swyddogol ar y fath arfer.

Yn ystod Pencampwriaeth Agored Jiwdo Cymru, roeddwn yng Nghanolfan Chwaraeon David Lloyd yn trio colli pwysau. Roeddwn wedi bod yn rhedeg yn y *sweatsuit* ar y peiriant rhedeg wedyn yn y *sauna* a'r stafell stêm. Canodd y ffôn symudol ac roedd y swyddog profion cyffuriau yno.

"Ble wyt ti?" oedd y cwestiwn cwta.

"Yng Nghanolfan David Lloyd," medde fi, "yn colli pwyse ar gyfer cystadlu."

"Mae'n rhaid i fi gael prawf nawr."

"Ond fi newydd chwysu llwyth i golli pwyse," medde fi.

"Sdim ots, mae'n rhaid i fi gael prawf."

Daeth i Ganolfan David Lloyd ac, wedi gwrando ar fy mhrotestiadau, penderfynodd fy nilyn i adre. Roedd yn mynnu cael sampl dŵr. Er mwyn i fi allu darparu hwnnw, roedd yn rhaid yfed llwyth a byddai hynny wedyn yn rhoi'r hylif a'r pwysau yn ôl ar fy nghorff. Ond roedd unrhyw brotest roeddwn i'n ei lleisio i'r perwyl hwnnw'n syrthio ar glustiau byddar. Roedd yn rhaid dilyn y drefn. Ond mae gan natur ei chwrs ei hun a dyw piso ar orchymyn ddim yn rhan o drefn natur. Roedd yn rhaid aros iddo ddigwydd yn naturiol. Arhosodd hi gyda fi yn y tŷ tan un o'r gloch y bore. Ac ar ôl iddi fynd, roedd yn rhaid colli'r pwysau i gyd eto cyn y pwyso swyddogol y diwrnod canlynol.

Dro arall, roeddwn yn nhŷ ffrind oedd hefyd yn rhan o dîm codi pwysau Cymru. Cyrhaeddodd y swyddogion profion a dweud yn blwmp ac yn blaen y bydden nhw'n fy mhrofi i hefyd gan bo fi'n digwydd bod yn y tŷ ar y pryd.

Mae'n dal i ddigwydd, ac ar gyfer Gemau'r Gymanwlad yn Delhi roedd yn rhaid llenwi ffurflen yn dweud lle fyddwn i am un awr o bob dydd yn y cyfnod cyn mynd mas i India. Os nad oeddwn i lle'r oeddwn i wedi dweud, yna roedd hynny'n cael ei gyfri fel methu prawf cyffuriau. Y cyngor ges i gan rai o'r athletwyr eraill oedd dweud bo fi adre rhwng 6 a 7 y bore, gan sicrhau wedyn y byddai unrhyw ymweliad cartre yn digwydd yn ystod yr amser hwnnw.

Mae'n anodd. Does 'da fi ddim amynedd gydag athletwyr sy'n trio ennill mantais annheg trwy gymryd cyffuriau. Ond mae rhoi athletwr mewn sefyllfa annheg am eu bod yn gorfod cymryd prawf, fel ddigwyddodd i fi ar y noson honno yng Nghanolfan David Lloyd, yn troi'r drol. Mae'n rhoi rhywun sy'n cystadlu o dan anfantais a dyw hynny ddim yn deg chwaith.

Wedi gorffen cystadlu yng Ngemau'r Gymanwlad ym Manceinion yn 2002, fe wnes i gamu oddi ar y mat a dw i ddim wedi gwneud jiwdo ers hynny – na chodi pwysau chwaith. Rygbi yn unig fuodd fy nghamp tan i'r reslo godi ei ben yn 2010. Ond stori arall yw honno.

Fe adewais i Goleg Cyncoed gyda gradd Chwaraeon a Symudiadau Dynol a thystysgrif addysg. Roedd y cyraeddiadau chwaraeon yn amlygu eu hunain mewn sawl maes. Ond ar lefel arall, roedd un cwestiwn heb ei ateb – beth ma rhywun yn ei wneud gyda gradd mewn chwaraeon a thystysgrif addysg? Dysgu oedd y peth amlwg – dyna oedd pawb arall yn wneud ac felly dyna oedd yn rhaid i fi wneud hefyd. Fy swydd gynta oedd fel athrawes Ymarfer Corff yn Ysgol Gyfun Tre-gŵyr, ar gyrion Abertawe. Roedd yn swydd ran-amser, tri diwrnod un wythnos a phedwar yr wythnos ganlynol. Doeddwn i ddim am fod yn athrawes mewn gwirionedd, a daeth hynny'n amlwg. Ond fe wnes i gario mlaen, a chynnig am swydd amser llawn yn Ysgol Gyfun Gymraeg y Cymer, yn y Rhondda. Fe ges i'r swydd a mwynhau'r ysgol yn fawr. Ond roeddwn i'n dal i chwilio am bethe eraill allai gynnig gyrfa i fi.

7

Gladiator Ready?

'BLACK EYE FOR VOGUE!' 'Gladiator injured.'

Penawdau papurau newydd digon dramatig, gan gynnwys ar glawr *Golwg*, yn sôn am un o'r Gladiators mwya poblogaidd o'r gyfres deledu o'r un enw a gafodd anaf yn ystod un o'r rhaglenni. *Gladiators* oedd rhaglen fawr nos Sadwrn drwy gydol y nawdegau bron – dyma oedd *X Factor* y cyfnod. Roedd hyd at 19 miliwn trwy Brydain yn gwylio ymgeiswyr o blith y cyhoedd yn herio Gladiators cyhyrog a chorfforol fel Rhino, Jet, Hunter, Vulcan a'r enwog Wolf mewn gemau gwahanol. Fe ddaethon nhw'n enwau cyfarwydd dros nos mewn sioe oedd yn cael ei chyflwyno gan Ulrika Jonsson a'r pêl-droediwr John Fashanu i ddechre, cyn i Jeremy Guscott gymryd yr awenau. Erbyn i'r gyfres orffen ar ITV roedd dros gant o raglenni wedi cael eu gwneud mewn wyth cyfres rhwng 1992 a 2000.

Fe gymerais i ran yn y gyfres ac, ie, fi roddodd y *black eye* yna i Vogue! Doedd hi ddim yn hapus o gwbwl ac fe wnaeth y Gladiators i gyd droi yn fy erbyn am niweidio un ohonyn nhw. Yn ogystal â bod yn athletwyr cyhyrog, roedd y Gladiators, wrth gwrs, yn dibynnu'n drwm ar eu delwedd ar y sioe. Doedd neb ishe gweld Gladiator ffit, golygus yn mynd i ymddangosiad cyhoeddus neu ar y teledu ar nos Sadwrn gyda llygad mawr du, salw! Yn wir, roedd cael cip ar y darlun ehangach – bywyd y tu hwnt i raglen anferth fel *Gladiators* – a thrio deall yr *hype* a'r seicoleg yn gymaint o agoriad llygad â bod yn rhan o'r cystadlu.

Cyn hynny, cysylltiadau digon fan hyn a fan 'co oedd 'da fi 'da byd teledu ar hyd y blynyddoedd. Daeth y blas cynta pan o'n i yn yr ysgol gynradd ac yn aelod o Glwb Acrobateg Bynea. Er mai pentre bach rhyw ddwy filltir tu fas i Lanelli yw Bynea, roedd y clwb yn adnabyddus trwy Brydain gyfan. Roedden ni'n cymryd rhan mewn cystadlaethau'n gyson ac yn perfformio mewn sioeau ar hyd a lled Cymru a Lloegr. Achos hynny, roedd ceisiadau'n dod yn weddol aml i ymddangos ar y teledu, a'r tro cynta i fi gael y profiad hwnnw oedd mynd ar *Going Live* ar fore Sadwrn.

Dyna raglen boblogaidd arall yn ei chyfnod! Roedd Sarah Greene a Phillip Schofield yn arwyr nid yn unig i blant Prydain ond i fyfyrwyr coleg trwy Brydain hefyd, wrth i sawl lolfa mewn neuaddau preswyl gael eu troi'n fannau ecsgliwsif i wylio *Going Live* bob bore Sadwrn. I fi, roedd hi jest yn rhaglen *fab*, roedd Phillip Schofield yn *lush* a Gordon the Gopher yn seren arall! Pan aethon ni ar y rhaglen roedden ni'n perfformio'r act acrobateg arferol, un o'r rhai yr oedden ni'n eu perfformio mewn cystadlaethau'n rheolaidd. Roeddwn i'n gwneud y *splits* a siapiau anarferol o bob math. Yn ddiweddarach, daeth gwahoddiad i ni wneud yr un act ar raglen eiconig arall, *Blue Peter*. Ces fy swyno'n llwyr gan y profiadau hyn, ond deallais i lot mwy am y busnes wrth ymddangos ar *Gladiators*.

Erbyn i'r gyfres gyrraedd y sgrîn, roeddwn wedi dechre dysgu yn Ysgol Gyfun Tre-gŵyr. Roedd dod i ddeall shwd oedd bod yn athrawes yn ddigon i fi bryd hynny a doedd 'da fi ddim syniad bod rhaglen fel *Gladiators* ar y teledu. Yn sicr doeddwn i ddim yn ffan.

Rhai o'r disgyblion ddechreuodd siarad am y gyfres.

"Why don't you go on it, Miss?"

"Yeah! You'd be brill!"

Yn ôl y sôn, roeddwn i'n edrych yn debyg iawn i un o'r cystadleuwyr ar y gyfres, sef Eunice Huthart o Lerpwl. Roedd gwallt tebyg iawn gyda'r ddwy ohonon ni ac roedd hynny'n ddigon i'w hysgogi nhw i ddweud wrtha i fynd ar y gyfres. Roedd lot o boeni, ond dyna i gyd fuodd. Roedd e'n neis iawn eu bod nhw wedi dangos cymaint o ddiddordeb, ond roedd digon gyda Miss Evans ar ei phlât yn ei swydd gynta heb fecso am fynd ar y teledu ac ymladd yn erbyn Gladiators! Wnes i ddim cymryd sylw o'r hyn ddwedon nhw o gwbwl. Daeth ambell her fach arall gan yr un grŵp o bobol ifanc o bryd i'w gilydd, a'r un ymateb roies i bob tro.

Ac yna, yn gwbwl annisgwyl i fi, cyrhaeddodd ffurflen gais. Pwy oedd wedi cynnig fy enw? Ie, y merched ysgol! A heb yn wbod i fi! Yn y post i dŷ un o'r merched ddaeth y ffurflen. Y tro cynta weles i hi oedd wedi ei stico ar ddrws fy stafell yn yr ysgol! Doedd dim ffordd y gallen i anwybyddu gweithred fel'na! Wel, oedd a dweud y gwir, am bo fi'n gorfod gadael Ysgol Tre-gŵyr ar ddiwedd tymor y Nadolig gan fod fy swydd yn dod i ben, ac yn dechre ar swydd newydd yn Ysgol y Cymer, Porth, y Rhondda. Felly, fe allen i fod wedi peidio â llenwi'r ffurflen a hynny heb i'r merched wbod.

Ond, llenwi'r ffurflen wnes i wedi'r cyfan, a hynny oherwydd brwdfrydedd merched Tre-gŵyr a'r ffaith mai dim ond un dudalen A4 oedd hi i gyd yn holi am enw, cyfeiriad, pa chwaraeon o'ch chi'n eu gwneud a brawddeg am pam oeddech chi ishe mynd ar y sioe. Roedd angen llun ohona i mewn cit ymarfer hefyd. Doeddwn i ddim yn berchen ar ddim byd fel'na felly roedd rhaid mynd i brynu dillad newydd. Draw â fi i *gym* Kicks yng Ngorseinon er mwyn prynu dillad addas. Prynais i siorts seiclo porffor a du streipiog a *crop top* i fynd gyda fe. Cafodd y lluniau eu tynnu ar falconi Mam a Dad! Fe aeth y llun yn y post gyda'r ffurflen a wnes i anghofio am yr holl beth a chario mlaen gyda bywyd bob dydd.

Llythyr arall wnaeth fy atgoffa am y cyfan – un yn gofyn i fi fynd i Lundain ar gyfer treialon ffitrwydd. Er bo fi'n chwarae rygbi ar y pryd, roeddwn i'n benderfynol bod angen ymarfer pellach er mwyn bod yn gwbwl barod am brawf *Gladiators*. Nôl â fi i Kicks, gyda Lowri Morgan oedd yn chwarae rygbi gyda fi ar y pryd. Ac ar ôl rhyw bythefnos, lan â ni'n dwy i Lundain – ar y bws am nad oedd arian ganddon ni i gael trên!

Roeddwn i'n disgwyl cwrdd â rhywun o'r tîm cynhyrchu mewn derbynfa rywle a bant â ni wedyn i wneud y prawf. Ond ces i sioc. Roedd miloedd o bobol yno! Ar y llawr wrth y drws roedd llwyth o focsys yn llawn ffurflenni cais. Roedd hi'n edrych yn debyg bod y rhan fwya oedd yn gwneud cais yn cael prawf ffitrwydd. Felly, cymerais fy lle yn y rhes o ymgeiswyr gan ddechre ar y *treadmill*, yna mlaen at y rhaff ac yn y blaen. Roedd nifer fawr yn methu cwblhau'r profion i gyd ac yn gorfod gadael. Llwyddais i gyflawni pob prawf a chyrraedd y cyfweliad ar ddiwedd y dydd. Llai na pum munud oeddwn i'n ei gael i newid ac edrych yn deidi ar ôl gorffen y prawf ffitrwydd. Yn amlwg, roedd y tîm cynhyrchu ishe gweld shwd o'n i'n gallu delio gyda chyfweliad ar gamera dan bwysau. Gofynnwyd un cwestiwn tamed bach yn annisgwyl i fi yn ystod fy nghyfweliad inne.

"Sing 'Happy Birthday' to your favourite Gladiator."

"Do you want it in Welsh or English?" medde fi nôl yn syth!

A dyna sut ffeindiais fy hun yn canu 'Pen-blwydd Hapus' i Rhino o flaen y tîm cynhyrchu! Fe aeth y cyfweliad yn iawn hefyd a mas â fi i'r stafell newid lle roedd y merched eraill i gyd. Daeth yn amlwg wrth siarad â nhw bod y busnes *Gladiators* 'ma yn rhywbeth difrifol iawn i lot o bobol. Roedd y merched i gyd yn holi ei gilydd ynglŷn â sawl gwaith roedden nhw wedi trio mynd ar *Gladiators*. Pump, medde un. Tair gwaith, medde sawl un. Saith gwaith, medde un o'r lleill. Roedden nhw i gyd wedi methu'r prawf ffitrwydd sawl gwaith ac yna wedi treulio'r cyfnod rhwng dwy gyfres yn gweithio ar eu ffitrwydd er mwyn trio eto. Ar ddiwedd y sgwrs, fi oedd yr unig un oedd yno am y tro cynta. A beth bynnag fydde'n digwydd i fi ar ôl y profion roeddwn i newydd eu gwneud, doedd 'da fi ddim bwriad mynd nôl am yr ail waith heb sôn am y seithfed!

Bant â Lowri a fi wedyn i Wembley i weld ffeinal fawr rygbi 13 a chael amser grêt cyn mynd nôl ar y bws i Gaerdydd. Canlyniad y profion cychwynnol oedd cael neges yn dweud i fi gyrraedd y pum cant ola, ac ar ôl prawf pellach, neges arall yn dweud i fi gyrraedd yr hanner cant ola. Daeth y neges yn y diwedd i ddweud bo fi wedi cael fy newis. Roeddwn yn ddigon balch, ond doeddwn i ddim wedi mynd dros ben llestri yn fy ymateb. Dw i ddim yn credu i fi ddeall yn iawn pa mor fawr oedd yr holl sioe a beth oedd o fy mlaen mewn gwirionedd.

Fe wnaeth un ffaith i fi ddeall yn ddigon cloi faint o sioe oedd hon. Dywedodd un o'r tîm cynhyrchu wrtha i bod 24,000 wedi trio bod yn rhan o *Gladiators* y flwyddyn honno a bo fi lawr i'r 16 menyw ola, sef y rhai fyddai ar y teledu! Sioc! Dyna beth oedd rhoi pethe mewn persbectif. Roedd dwy fenyw ar bob sioe, felly roedd wyth sioe, y rowndiau gogynderfynol, y rowndiau cynderfynol a'r ffeinal ei hun. Dyna oedd o 'mlaen.

Ces i ymateb ffantastig gan bawb yn Ysgol y Cymer pan es i nôl i ddweud wrthyn nhw. Ac roedd cryn gyffro pan ddaeth y criw teledu i fy ffilmio yn yr ysgol ar gyfer y proffil ohona i ar y rhaglen. Roedd eu hymateb nhw hefyd yn fy helpu i sylweddoli faint o sioe oedd hon, gan nad oedd angen dweud beth oedd beth na phwy oedd pwy wrth y bobol ifanc. Roedd yr holl ffeithiau am y sioe ar flaenau eu bysedd. Trwy lwc i fi hefyd, roedd ffilmio'r rhaglen ei hun yn digwydd dros yr haf hwnnw, sef gwyliau haf yr ysgol. Doedd dim problem trefnu amser bant o'r gwaith felly.

Pan ddaeth hi'n amser ffilmio ces i wbod bod dau gant o docynnau ar gael i fi roi i deulu a ffrindiau. Wrth gwrs, roedd pawb ishe dod ac yn fuan iawn sylweddolais nad oedd dau gant yn mynd i fynd yn bell iawn rhwng teulu, ffrindiau, merched rygbi ac, wrth gwrs, y plant ysgol.

Faint ar y ddaear o docynnau allen i roi iddyn nhw? Penderfynais ar hanner cant gyda'r sicrwydd bod modd i unrhyw un arall â diddordeb giwio i fynd mewn ar y noson hefyd. Cafodd rhieni'r plant lythyr yr un yn esbonio bod trip yn mynd i Birmingham ac mai'r hanner cant cynta i ymateb fyddai'n cael bod ar y bws. Fe es i mewn i'r ysgol y bore ar ôl i'r llythyron gael eu dosbarthu ac roedd ciw o ddrws fy stafell gofrestru i lawr y coridor a thrwy'r ysgol! O'n i ddim yn gallu credu'r peth! Roedd yn deimlad cyffrous ac un oedd yn gwneud i fi deimlo'n eitha gostyngedig ar yr un pryd. Roedd e'n ormod i'w lyncu a dweud y gwir.

A theimlo'n waeth wnes i wrth dderbyn y taflenni a'r arian bws oddi wrth y disgyblion. Aeth yr hanner cant cynta heibio mewn dim o amser, ond roedd cymaint â hynny a llawer mwy eto yn dal yn y ciw, gan gynnwys lot o bobol ifanc roeddwn i'n hoff iawn ohonyn nhw ac ishe iddyn nhw fod ar y bws! Yn y diwedd, fe ddwedes i wrth y rhai nad oedd yn cael mynd bod croeso iddyn nhw ffindo ffordd eu hunain i Birmingham a chiwio am docynnau wrth y drws. Y sioc nesa oedd faint ddewisodd wneud hynny hefyd. Roedd cefnogaeth Ysgol y Cymer yn anhygoel.

Roedd y gyfres yn cael ei ffilmio dros gyfnod o rhyw dair wythnos. Wythnos o ymarfer yn unig oedd yr wythnos gynta a phob un ohonon ni'n rhoi cynnig ar y gemau unigol oedd yn rhan o'r gyfres – y *Pugil Sticks*, y Wal, y *Gauntlet*, y *Travelator* ac ati. Y peth cynta'n deg roedd yn rhaid i ni ei wneud oedd mynd lan i do'r *arena* yn Birmingham a neidio lawr! Roedd rhwyd yn aros amdanon ni, wrth gwrs, ond roedd e'n dal i fod yn beth brawychus i'w wneud. Fe ddes i ddeall yn ddigon cloi mor bwysig oedd dysgu shwd i gwmpo!

Roedd gwneud y tasgau yn anodd a dweud y lleia ac yn ddigon o gamp ynddi'i hun heb feddwl am gael Gladiator a chamera teledu wrth eich cwt. Ond fe aeth pethe'n weddol i fi, ac fe wnes i fwynhau cryn dipyn o lwyddiant. Hynny yw, roeddwn yn ennill pob un o'r tasgau! Roedd y gemau wedi eu trefnu'n ofalus ac os oedd unrhyw un ohonon ni'n gryf o ran rhyw allu, doedden nhw ddim yn rhoi tasg i ni fyddai'n gyfle i arddangos y cryfder hwnnw. Doeddwn i ddim i fod i gael *Gauntlet* na *Powerball* achos roedd y sgiliau oedd eu hangen i lwyddo yn y gemau hynny yn rhy debyg i sgiliau rygbi a jiwdo. Doedden nhw ddim yn rhoi gêm dasg i chi chwaith os oedden nhw'n gweld eich bod chi'n dda iawn ynddi. Wedi'r cyfan, holl bwynt y gyfres oedd gwneud i'r Gladiators edrych yn dda, dim ni! Doedd gan neb ar unrhyw raglen yr un math o gorff â'r Gladiators – roedd y treialon yn Llundain wedi sicrhau nad oedd neb fel'na'n cael eu dewis.

Pan ddaeth fy nhro i, roedden nhw wedi gorfod newid y trefniadau funud ola a ches i wneud y *Powerball* wedi'r cyfan. Doedd hi ddim yn bosib i osod y *Pyramid* anferth roedden ni'n gorfod ei ddringo yn y stiwdio yr un pryd â'r *Sky Track*, lle o'n i'n gorfod hongian wyneb i waered ar drac a throi olwynion i fynd â fi o un pen i'r llall. Roedd y *Pyramid* wedi ei osod ac felly fe roion nhw'r *Powerball* i fi.

Dyna lle ddechreuodd pethe fynd o chwith! Roeddwn i wrthi'n ymladd fy ffordd heibio i'r Gladiators gwahanol pan ddes i wyneb yn wyneb â Vogue, y Gladiator gwallt tywyll oedd ar y gyfres rhwng 1995 a 2000. Diben y dasg oedd mynd o un pen i'r cwrs i'r llall â sawl Gladiator yn trio eich rhwystro. Roeddwn i wedi mynd heibio sawl un ac fe es yn syth at yr un nesa, sef Vogue, a rhoi *hand-off* iddi. Doedd hi ddim yn disgwyl hynny mae'n amlwg, ac fe gafodd ei tharo'n ôl gan yr ergyd. Stopiodd y dyfarnwr, John Anderson, y gêm am fod y Gladiators eraill wedi dechre pigo arna i am frifo Vogue.

"Don't touch my face, bitch!" medde Vogue wrtha i yng nghanol y gêm!

Dyna pryd y camodd John Anderson i'r canol. Aeth y gêm yn ei blaen ond roedd yn amlwg bod y lleill ar fy ôl i hefyd. Daeth dwy i daclo fi gan adael dim ond un i daclo fy nghyd-gystadleuydd, Audrey Garland, ac roedden nhw'n fy rhwystro rhag mynd nôl i gasglu pêl arall ar ôl rhoi un yn llwyddiannus yn y fasged, rhywbeth oedd yn erbyn y rheolau.

Fe aeth pethe'n waeth ar ôl y dasg honno. Roedd yn rhaid aros am gyfnod gweddol hir rhwng tasgau unigol er mwyn gosod popeth yn ei le. Roedd pawb fel arfer yn mynd mas i gefn y set. Dechreuon nhw bigo arna i o ddifri wedyn, gan fy nghyhuddo i o niweidio Vogue yn fwriadol a phob math o bethe eraill.

"Vogue is well pissed off with you, girl!"

"You better go an' apologise to her!"

"She's not happy at all that you gave her a black eye!"

A mlaen a mlaen â nhw. Ac wedyn, wrth gwrs, roedd yn rhaid mynd at y dasg nesa. I fi, *Pyramid* oedd honno. Y nod oedd trio cyrraedd y top er bod Gladiator yn trio fy rhwystro. Siren oedd yn fy erbyn, ac fe ddefnyddiais fy sgiliau jiwdo i gyd i'w rhwystro rhag cael unrhyw fantais arna i. Fe'i daliais ar y llawr er mwyn ei rhwystro rhag codi cyn fi. Ond i mewn â John Anderson unwaith eto a rhoi stop ar y dasg. Doedd yr hyn wnaeth ddilyn ddim ar y rhaglen pan gafodd ei darlledu.

"You've got to stop doing that. You're spoiling my show! Don't fight her on the step because the whole point is to see her running up the pyramid. Just don't fight her on the steps! It's really bad TV!"

"But I want to try and win this task and beat her. Isn't that the whole point of everything?" medde fi nôl, wedi fy synnu braidd gan ei agwedd ond yn hollol benderfynol.

Petawn i'n cystadlu eto nawr, bydden i'n chwarae'r gêm yn fwy falle achos bo fi'n deall teledu yn well. Ond cystadlu oedd y bwriad bryd hynny a doeddwn i ddim yn deall pam bod yn rhaid ildio er mwyn gwneud i'r Gladiators edrych yn well.

Erbyn cyrraedd yr *Eliminator*, sef y gêm ar y diwedd oedd yn penderfynu pwy oedd yn mynd mlaen i'r rownd nesa, roedd 'da fi fantais dda ar Audrey gan i fi ennill mwy na hi yn y tasgau cynt. Roedd 'da fi bedair eiliad a hanner o fantais drosti wrth ddechre'r *Eliminator*. Ac fe gadwais y fantais trwy'r dasg, gan aros ar y blaen trwy bob cymal unigol o'r *Eliminator*. Y cam ola oedd dringo lan un ochor y si-so a lawr yr ochor arall, a chadw'r droed ar linell felen ar waelod y si-so cyn dechre rhedeg lan y belt symudol oedd yn cael ei alw'n *Travelator*.

Lawr â fi o'r si-so, wedi cadw balans a heb syrthio i ffwrdd, ac yn syth at y *Travelator*. Ond yn ddirybudd, fe aeth chwiban John Anderson eto ac fe 'ngalwodd i nôl. Doedd dim syniad pam 'da fi. Ar y monitors teledu o gwmpas yr *arena* roedd lluniau agos, tyn o Anti Dwynwen a Mair fy chwaer yn edrych yn syn ac yn gofyn yn Gymraeg,

"Beth sy'n bod? Beth sy'n bod?"

Ar ôl i fi stopio, clywais John Anderson yn dweud nad oedd fy nhroed wedi cyffwrdd â'r llinell felen a bod yn rhaid i fi fynd nôl i ddechre'r si-so eto. Doeddwn i ddim yn gallu credu'r peth! Ac yn waeth byth, erbyn hynny roedd Audrey wedi mynd heibio fi.

O'n i'n gwbod i sicrwydd bod fy nhroed wedi cyffwrdd â'r llinell felen yn ôl y gofyn. Doedd dim amheuaeth 'da fi o gwbwl. Ond doedd dim byd allen i ei wneud. Roedd Audrey wedi mynd yn ei blaen i ennill a'r unig beth allen i ei wneud oedd mynd draw at un o'r ddau gyflwynydd, Jeremy Guscott, i gael fy holi am ddod yn ail.

"It's not fair, I want to see a replay!" medde fi wrtho fe yn gwbwl grac.

Fe chwaraeon nhw *replay* wrth gwrs – ond dim ond i ddangos y droed na chyffyrddodd â'r llinell felen, nid yr un wnaeth gyffwrdd â hi! Roedd y llun wedi ei rewi cyn gweld y droed arall!

Ar ôl i'r rhaglen orffen, fe es at John Anderson er mwyn ei holi'n fanwl. Gofynnais iddo pam roedd e wedi dweud nad oedd fy nhroed wedi cyffwrdd â'r llinell pan oedd hi wedi gwneud mewn gwirionedd.

"Non, this isn't sport, this is television. If I said your foot didn't touch the mark, your foot didn't touch the mark. Live with it!"

Fe aeth Audrey yn ei blaen i ennill y gyfres i gyd y flwyddyn honno. Mae'n anodd derbyn hynny gan bo fi'n bell, bell ar y blaen iddi hi trwy gydol y gystadleuaeth rhwng y ddwy ohonon ni. Ond, wrth gwrs, roedd gweld rhywun yn ennill ar ôl bod mor bell ar ei hôl hi yn deledu da. Ac fel y dywedodd John Anderson, roedd yn rhaid i fi fyw gyda hynny!

Roedd un tro arall i'r stori. Rai wythnosau wedyn, daeth galwad ffôn. Roedd un o'r cystadleuwyr wedi cael ei hanafu a gan mai fi oedd yr un â'r amser cyflyma o blith y rhai a gollodd, gofynnwyd a fydden i'n fodlon mynd nôl ar y gyfres. Ond, roeddwn newydd gael swydd newydd ac roedd diwrnod cynta'r swydd honno yr un dydd â ffilmio *Gladiators*. Roedd yn ddilema, heb os. Byddai wedi bod yn braf unioni'r cam ac, o bosib, ennill y gyfres – roedd hynny'n bosibilrwydd real. Ond roedd gyrfa newydd o 'mlaen, ac yn y diwedd honno enillodd.

8

Teledu 10 ac Annheg

DAETH SAWL PETH AT ei gilydd yr un pryd i fi tua diwedd y nawdegau. Enillais fedal arian ym Mhencampwriaethau'r Gymanwlad yn Mauritius. Ces fy nghap rygbi cynta dros Gymru. A daeth y fedal aur ym Mhencampwriaethau *Powerlifting* Ieuenctid y Byd. Felly, roedd yn gyfnod da o ran sylw yn y cyfryngau. Roedd gweld cyfweliadau teledu, adroddiadau a chyfweliadau papur newydd amdanaf yn brofiad gweddol gyffredin a hynny am gyfnod cymharol hir. Ond doedd y ffeithiau ddim wastad yn fanwl gywir chwaith. Fe welais yn fuan iawn bod cael unrhyw sylw yn beth da, p'un ai oedd yr hyn oedd yn cael ei ddweud yn wir i gyd neu beidio.

Am ryw reswm, roedd y papurau'n credu mai fi oedd chwaer Ieuan Evans, capten tîm rygbi Cymru ac un o'r asgellwyr gorau a welodd Cymru ar gae rygbi erioed. Non Eleri Evans yw enw ei chwaer ac nid cyd-ddigwyddiad oedd y ffaith ein bod yn rhannu'r un enw ym marn y papurau. Roedd yna bethe eraill yn gyffredin rhyngon ni hefyd. Roedd y ddwy ohonon ni'n dysgu mewn ysgolion Cymraeg – fi yn y Cymer a Non, chwaer Ieuan, ym Mro Myrddin. Roedd hithe hefyd yn athletwraig o safon. Cyhoeddwyd penawdau bras a ffafriol iawn yn cyfeirio ataf oherwydd y gred honno. Chwarae teg i'r *Western Mail*, fe sylweddolon nhw eu bod wedi gwneud camgymeriad a chyhoeddi hynny mewn stori nôl ym mis Mawrth 1997, gyda'r pennawd 'Identity crisis all round as these Non-events pile on the confusion'. Y frawddeg agoriadol oedd 'Bit of a Non-story this. Two Non Eleri Evanses to be precise.' Ac fe aethon nhw yn eu blaen i egluro'r dryswch a'r ffaith bod chwaer Ieuan a finne mewn gwirionedd yn ddau berson cwbl wahanol.

Unwaith i'r dryswch gael ei ddatrys, gallwn weld nad oedd yr holl gyhoeddusrwydd yn beth negyddol, a'i fod yn dda o ran proffil. Ac roedd ymddangos ar *Gladiators* yn gam arall o ran codi proffil. Roeddwn yn cael gwahoddiadau cyson i fod ar raglenni teledu a radio yn Gymraeg a Saesneg. Daeth criw o'r rhaglen *Heno* gyda fi i Birmingham ac roedd eitem hir amdana i ar y rhaglen. Dyna'r peth cynta i fi wneud yn y Gymraeg ar y teledu. Yn sgil yr holl gyfleoedd ar y cyfryngau, daeth gwahoddiad i fod yn rhan o raglen beilot i'r BBC ar ran S4C. Fersiwn Gymraeg o *A Question of Sport* oedd hi, gyda Russell Isaac yn holi'r cwestiynau. Fel mae'n digwydd, chafodd y rhaglen ddim mo'i chomisiynu, ond ar ôl recordio'r peilot aeth gang ohonon ni i glwb y BBC yn Llandaf sef finne, Russell Isaac, Sion Thomas a Geraint Rowlands. Doeddwn i ddim yn gwbod ar y pryd, ond dyma'r bobol oedd wedi sicrhau cytundeb darlledu rygbi ar gyfer y tymor canlynol, a hynny o dan drwyn y BBC. Cwmni 10 oedd y cwmni annibynnol cynta i sicrhau cytundeb i ddarlledu rygbi yn lle'r BBC ac fe gawson nhw gytundeb cychwynnol o bedair blynedd. Yn ystod y noson honno yn y clwb, fe ddywedwyd wrtha i y dylwn gadw golwg am hysbyseb a fyddai'n ymddangos yn y papurau am swydd gyflwyno ar y gyfres rygbi newydd. Gwelais yr hysbyseb ac fe wnes i drio am y swydd.

Roedd hynny yn ei hun yn golygu newid mawr iawn i fi gan gynnwys rhoi sylw i bethe fel dillad a gwallt! Roedd yn fyd newydd iawn i rywun oedd erioed wedi cael ei gwallt wedi'i liwio na'i dorri mewn steil penodol ac oedd yn byw a bod mewn tracwisg. Yr unig bryd fydden i'n newid o'r iwnifform honno oedd wrth wisgo top a jîns i fynd mas.

Roedd angen lluniau i'w hanfon gyda'r ffurflen gais hefyd er mwyn iddyn nhw gael rhyw syniad sut olwg oedd ar yr ymgeiswyr. Ar y pryd, roeddwn yn byw mewn tŷ myfyrwyr ac roedd un ohonyn nhw, Perky, yn berchen ar gamera. Fe aeth e draw â fi i Barc y Rhath, Caerdydd, er mwyn tynnu lluniau proffil ohonof. Fe wnes i fecso cryn dipyn ynglŷn â shwd bydden i'n edrych yn y lluniau hynny. Gwallt byr fuodd gyda fi trwy fy mywyd bron, yn debycach i wallt bachgen a dweud y gwir. Ond y flwyddyn honno, am ryw reswm, fe ddechreuais i dyfu fe. Doedd dim steil penodol i'r gwallt, ond byddwn yn rhoi *gel* arno a'i glymu nôl mewn *pony tail*. Wedyn, fe wnaeth rhywbeth arall fy nharo – fy aeliau trwchus! Roedd ishe eu plycio nhw'n druenus! Wnes i ymdrech fawr ar gyfer y ffurflen gais, heb sôn am y cyfweliad. Ond yn y diwedd bant â'r ffurflen a dyna ni.

Fe ddaeth llythyr nôl yn fy ngwahodd am gyfweliad a draw â fi i'r swyddfeydd gyferbyn â'r Mochyn Du ger Gerddi Soffia. Yn ceisio am yr un swydd oedd Lowri Morgan, Eleri Sion a Sarra Elgan a rhai doeddwn i ddim yn eu hadnabod. Roedd angen gwneud darn i gamera a chyfweliad fel rhan o'r broses, yn ogystal â chael eich holi gan Russell Isaac. Ar ddiwedd y cyfan, fe ges i neges yn dweud bo fi wedi cael y swydd. Un gair sydd i ddisgrifio shwd oeddwn yn teimlo – *gobsmacked*! Tair ar hugain o'n i a dyma gynnig swydd i fi fel y fenyw gynta i gyflwyno rhaglen chwaraeon ar deledu yng Nghymru. Roedd yn lot o waith i gael fy meddwl rownd ffaith fel'na!

Os bu paratoi manwl ar gyfer delwedd y cyfweliad, y funud ges i'r swydd wnaeth fy nhraed ddim cyffwrdd â'r llawr! Roedd menyw gwisgoedd ar gael yn sydyn reit i fynd â fi mas i siopa am ddillad newydd. Yna, roedd angen mynd â fi i gael fy ngwallt wedi ei drin yn iawn a draw â ni at Corey and Co. yn City Road, Caerdydd, i'w wneud. Pam dewis y siop hon? Dyma lle roedd Siân Lloyd yn gwneud ei gwallt, mae'n debyg. Wedi cyrraedd, gwelais fod hynny'n gwbwl wir am fod lluniau ohoni ar draws y *salon* i gyd. Ces fy ngwallt wedi ei liwio am y tro cynta yn fy mywyd – tan hynny doeddwn i erioed wedi cael *highlights* hyd yn oed! Roedd yn newid mawr i fi.

Tra oedd hyn i gyd yn digwydd roeddwn yn gorfod bod yn Birmingham ar gyfer ffilmio *Gladiators*. Ond roedd angen dod nôl a mlaen i gael lluniau cyhoeddusrwydd ar gyfer *Y Clwb Rygbi*. Fi, Grav a Morgan Hopkins oedd yn y lluniau hynny i gyd, heb unrhyw sôn am Russell Isaac. Fe aeth y tri ohonon ni lan i faes y Sioe yn Llanelwedd ar gyfer un set o luniau. Pam fan'na dw i ddim yn hollol siŵr!

Ond yn waeth byth, y funud roeddwn i nôl o *Gladiators* roedd rhaglen gynta'r gyfres newydd ar fy mhen ac, felly, fy mhrofiad cynta i erioed o gyflwyno teledu, heb sôn am gyflwyno byw. Dw i eisoes wedi sôn i mi orfod dweud 'na' i fynd nôl ar *Gladiators* yn lle cystadleuwraig oedd wedi ei hanafu am fod y ffilmio yn digwydd yr un diwrnod â rhaglen gynta'r gyfres rygbi newydd – cyfres oedd yn cynnig gyrfa a bywoliaeth newydd i fi yn erbyn rhaglen oedd yn cynnig cyfle i fi ennill teitl fel Gladiator! Roedd yn deimlad ofnadwy ar y pryd. Er bod y pen yn dweud yn ddigon clir y dylwn i ganolbwyntio ar *Y Clwb Rygbi*, roedd y galon yn cael ei denu at gyfle da.

Heb unrhyw ymarfer na hyfforddiant teledu, felly, daeth fy nhro i gyflwyno rhaglen gynta cyfres newydd. Roeddwn yn uffernol o nerfus. Roedd y gadair yr oedd gofyn i fi eistedd arni yn hollol rong am fod y cefn yn syth a chaled iawn a dim modd i fi ymlacio arni o gwbwl. Doedd dim synnwyr o gwbwl bo fi wedi cael fy rhoi o flaen camera yn y fath ffordd ac o dan y fath amgylchiadau. Mae'n siŵr bod y lleill a fu'n trio am y swydd, ac oedd yn fwy profiadol na fi ym myd cyflwyno, yn meddwl "Pwy yffarn yw hon?" A dw i ddim yn eu beio nhw.

Ar ben hynny i gyd, roedd ymarfer tîm Cymru pob bore Sadwrn. Felly, roedd yn fater o fynd mor gyflym ag y gallwn i stiwdios HTV, lle roedd y gyfres yn cael ei ffilmio, yn syth i'r gawod i wared mwd yr hyfforddi a draw at y colur a'r gwisgoedd er mwyn edrych y part ar y rhaglen. Byddai hynny wedi bod yn iawn gyda rhyw fath o hyfforddiant neu gyfarwyddyd teledu, ond hebddo roedd yn anobeithiol.

Ar gyfer pob rhaglen roedd disgwyl i fi wrando ar adroddiadau amrywiol o gemau oedd yn mynd mlaen, gwneud trosleisio byw ar y gemau oedd yn cael eu dangos ar y rhaglen a darllen y tablau i gyd ar gyfer pob adran yn y gynghrair. Ar ddiwedd hynny i gyd, roeddwn yn trosglwyddo'r awenau at Russell Isaac oedd ym mha bynnag gêm fyw yr oedden ni'n rhoi sylw iddi ar y diwrnod. Erbyn hynny, roedd Russell wedi cymryd drosodd ar y sgrîn a chymryd lle Morgan Hopkins, a wnaeth y cyhoeddusrwydd i gyd. Ar ddiwedd pob gêm roedden nhw'n dod nôl ata i ar gyfer *round-up* arall.

Does dim dwywaith bod y *stress* yn anhygoel. Doeddwn i erioed wedi clywed *talk-back* o'r blaen ac mae siarad i gamera tra bod rhywun arall yn siarad yn eich clust yn beth anodd iawn i gyfarwyddo ag e. Roeddwn i mewn yn y pen dwfwn go iawn. Ac, wrth gwrs, roedd lot i'w ddysgu am gynnwys y rhaglen ei hun. Pwy oedd yn chwarae pwy? Pwy oedd yn chwarae i bwy? Sawl cais roedd pob chwaraewr wedi ei sgori? Ble oedden nhw yn y tabl wythnos diwetha a ble ma nhw wythnos hon? Pwy sydd â'r record am y nifer fwya o bwyntiau? Ceisiau? Ciciau cosb? Ble roedd y chwaraewr yma'n chwarae tymor diwetha? Roedd y cyfan i fod ar flaenau fy mysedd tra bo fi'n trio deall cyfrwng oedd mor ddieithr i fi â gwyneb y blaned Mawrth.

Bob nos Wener roedd yna raglen gylchgrawn ychwanegol yn rhan o'r un pecyn. Felly, roedd angen ffilmio eitemau ar gyfer honno yn ystod yr wythnos, gan wneud ymchwil ar gyfer rhaglen dydd Sadwrn ar yr un pryd. Roedd paratoi'r eitemau hynny yn golygu teithio er mwyn ffilmio, cyn dychwelyd i'r stiwdio i olygu a lleisio. Wedyn, ar brynhawn Gwener, roedd angen recordio lincs y rhaglen ei hun a fi a Russell oedd yn gwneud hynny yn y stiwdio. Bob bore dydd Sul wedyn roeddwn yn chwarae rygbi. Dyna fel y buodd hi am dair blynedd. Fe ddes i ddeall y broses deledu yn well wrth i'r amser fynd yn ei flaen ond dw i'n siŵr bod ffyrdd rhwyddach o ddysgu'r grefft am y tro cynta na fy mhrofiad i! Roedd Russell Isaac yn darlithio ar y cyfryngau ym Mhrifysgol Caerdydd ar y pryd ac fe ges i fynd gydag e un dydd a gwrando ar y ddarlith. Dyna ni. Dyna'r hyfforddiant!

I wneud pethe'n waeth, nid oedd y cyflog yn gwneud yn iawn am y dull hwn o weithio. Ymchwilydd oedd fy nisgrifiad swydd swyddogol, er gwaetha'r holl gyflwyno byw roeddwn yn ei wneud ymhlith pethe eraill. O ganlyniad, cyflog ymchwilydd o'n i'n ei gael, tua £18,000 y flwyddyn, ac roedd fy nghytundeb yn cael ei adnewyddu bob blwyddyn. Fe gododd y cyflog, ond dim llawer. Pedair blynedd o gytundeb oedd gan y cwmni, ac ar ddechre'r pedwerydd tymor ces fy ngalw i gyfarfod gyda Russell Isaac a Geraint Rowlands ac fe ddywedwyd na fyddai fy nghytundeb yn cael ei adnewyddu. Roedden nhw wedi gadael i rai eraill fynd tua'r un adeg, y cyfan yn enw toriadau ar gyfer blwyddyn ola'r cytundeb. Felly, daeth y gwaith yna i ben i fi. Pan ddechreuodd y pedwerydd tymor, roedd Eleri Sion wedi dechre gweithio i'r cwmni ac yn gwneud yr un gwaith ag yr oeddwn i wedi bod yn ei wneud.

Mae'n anodd edrych nôl ar y cyfnod yna'n gwbwl gytbwys. Oedd, roedd yna deimladau y gallech chi eu galw'n negyddol ar y pryd. Ond, erbyn hyn, ac yn gloi iawn wedi cwpla gyda'r cwmni a dweud y gwir, daeth manteision y swydd yn amlwg iawn hefyd.

Un fantais fawr oedd y cyfle i gwrdd â fy arwyr – fel Thomas Castaignède, cefnwr Ffrainc ac un yr oeddwn yn ei ddefnyddio fel esiampl wrth ddysgu bod yn gefnwr. Roeddwn i hefyd yn meddwl ei fod yn eitha pishyn, a wnaeth yr argraff honno ddim newid pan gwrddes i ag e! Fe wnes i holi tîm Ffrainc yn y maes awyr yn Heathrow. Yn agos iawn ato, safai Joost van der Westhuizen, mewnwr De'r Affrig, ac ni chwalwyd fy nelwedd ohono yntau ar ôl ei gyfarfod! Ac roedd holi Jonah Lomu yn brofiad wna i byth ei anghofio chwaith.

Ond doedd fy sylw i gyd ddim yn mynd ar y dynion oedd yn chwarae'r gêm – onest! Fe wnes i hefyd ddysgu llwyth am y gêm ei hun. Roeddwn wedi chwarae i Gymru rhyw ddwsin o weithiau erbyn hynny. Byddwn yn gweld pob gêm yr oeddwn yn rhoi sylw iddi gyda Chwmni 10 mewn ffordd hollol wahanol i bob gêm arall yr oeddwn yn rhan ohoni. Dysgais i ddadansoddi'r gêm. Mae hynny, yn amlwg, wedi bod yn help o ran y ffordd dw i'n chwarae. Ond fe ddaeth dyddie'r melys a'r chwerw gyda Chwmni 10 i ben.

Yn syml iawn, felly, roeddwn yn ddi-waith a heb obaith am waith chwaith. Bu'n rhaid i fy rhieni roi menthyg arian i fi dalu'r morgais. Doedd dim syniad 'da fi beth i wneud nesa. Fe wnes i drio am swyddi fel cynrychiolydd meddygol. Roeddwn yn ffrindiau da gyda Rupert Moon, mewnwr y Scarlets a Chymru ar y pryd. Fe wnes i sôn wrtho un tro am y diffyg gwaith a'r ffordd roedd pethe wedi dod i ben gyda Chwmni 10. Ar y pryd roedd e newydd glywed bod y Scarlets wedi rhoi blwyddyn dysteb iddo ac roedd e'n chwilio am rywun allai gydlynu'r holl beth. Roedd angen rhywun i drefnu'r nawdd, y digwyddiadau a'r gêm dysteb ei hun. Roedd am i fi wneud y gwaith a fel'na fuodd hi a ches waith am ychydig fisoedd.

Gêm fawr ei flwyddyn dysteb oedd yr un ble byddai tîm presennol y Scarlets yn chwarae yn erbyn tîm o chwaraewyr y Scarlets o'r saithdegau, tîm o'r wythdegau a thîm arall o'r nawdegau. Byddai'r timau o'r gorffennol yn chwarae rhyw ugain munud yr un yn erbyn y tîm presennol. Wrth gwrs, roedd hyn yn golygu cysylltu â llwyth o chwaraewyr oedd wedi chwarae i'r Scarlets dros bedwar degawd. Yn gwbwl annisgwyl, trodd y dasg fawr yn un â thro personol pleserus.

Un o'r rhai oedd i chwarae yn un o dimau'r gorffennol oedd cyn-flaenwr y Scarlets a Chymru, Mark Perego. Roeddwn wedi penderfynu rhoi'r gorau i gysylltu gyda'r chwaraewyr os nad oeddwn wedi cael ateb erbyn rhyw ddyddiad penodol. Daeth y diwrnod hwnnw a doeddwn i heb glywed gan Mark. Fe wnes i ffonio sawl un fel yntau oedd heb ateb y gwahoddiad. Roedd e'n ddyn tân ar y pryd, ac yn gweithio yng ngorsaf Llanelli. Ffoniais yr orsaf yn y diwedd ac fe atebodd.

Cytunodd i chwarae yn y gêm dysteb a dywedodd wrtha i am alw os oeddwn yn pasio. A dyna beth wnes i. Gofynnodd os y bydden i'n hoffi mynd mas i redeg gydag e rhywbryd a dyna wnaethon ni. Ar ôl tua blwyddyn, fe ddechreuon ni fynd mas 'da'n gilydd go iawn ac fe fuon ni'n byw gyda'n gilydd wedyn tan i bethe ddod i ben tua dwy flynedd yn ôl.

Roeddwn yn dal i drio am swyddi eraill hefyd tra oeddwn yn gweithio dros Rupert Moon a ches gynnig swydd fel cynrychiolydd meddygol. Ond, fe ddywedodd rhywun wrtha i bod cwmni radio newydd yn dechre yng Nghaerdydd o'r enw Real Radio. Felly, fe wnes i ffindo mas ble roedd yr orsaf radio a mewn â fi i gyflwyno fy hun. Canlyniad y peth oedd cael cynnig gwaith fel cynhyrchydd chwaraeon cynta'r orsaf. Roedd yn golygu llai o arian na Chwmni 10, ond roedd y gwaith yn ffantastig. Yn sydyn reit, roeddwn i'n fwy profiadol na phawb arall o 'nghwmpas i oherwydd popeth i fi ei wneud cynt. Ac, wrth gwrs, nawr roeddwn yn ymwneud â phob camp, nid rygbi'n unig. Roedd e'n gyfnod ffantastig ac fe wnes i fwynhau pob eiliad. Dechreuais y *sports phone-in* a sawl peth arall digon cyffrous.

Mewn byd delfrydol – a dw i'n derbyn nad yw'r fath fyd yn bod – bydden i wedi mynd i Real Radio yn gynta ac yna gwneud *Y Clwb Rygbi*. Ond, 'na fe, fel'na mae hi. Roeddwn yn anhapus yn ystod y rhan fwya o'r cyfnod gyda'r cwmni teledu. Roedd yn gyfnod anodd. Un peth oedd yn cael ei feirniadu'n gyson gan y cynhyrchwyr – ond neb arall hyd y gwn i – oedd safon y Gymraeg. Bob bore Llun, roedd cyfarfod i drafod rhaglenni'r penwythnos a'u gwerthuso. Roedd y pwyso a'r mesur yna yn aml gan bobol nad oeddynt wedi cyflwyno erioed a gan rai oedd wedi cael addysg Gymraeg. Doeddwn i ddim. Ond roedd 'da fi Gymraeg naturiol a graenus, hyd yn oed os nad oedd i safon lenyddol. Roeddwn yn y sefyllfa sy'n dal i wynebu sawl un – y ddadl rhwng Cymraeg teledu a fy Nghymraeg i, sef y Gymraeg roeddwn wedi ei siarad ers dweud fy ngeiriau cynta. Does bosib ei bod yn iawn bod rhywun fel fi yn cael ei rhoi mewn sefyllfa ble mae'n amau ei hiaith ei hun. Doedd y gwylwyr yn nhrwch clybiau rygbi Cymru ddim yn becso. Ar lefel bersonol, beth bynnag, fe wnaeth fy nghyfnod gyda Chwmni 10 wella fy Nghymraeg i'r graddau y des i ysgrifennu fy sgriptiau fy hun erbyn y diwedd, ac mae hynny wedi fy helpu gyda'r gwaith arall dros y blynyddoedd.

Ond ar ben hyn oll, roedd cost bersonol. Hynny yw, y gost a ddaeth yn sgil trio am swydd yn erbyn pobol eraill. Mae'n anodd ysgrifennu hyn ar un lefel am ei fod yn golygu sôn am bobol eraill. Ond ar y pryd, roedd y teimladau yn rhai real iawn, beth bynnag yw'r sefyllfa heddi. Doedd pethe ddim yn dda rhwng Eleri Sion a fi bryd hynny o gwbwl. Fe wnaeth hi drio am swydd pan oedd ganddi fwy o brofiad na fi, a fi gafodd y swydd yn ei lle hi. O ganlyniad roedd pethe'n ddigon oeraidd rhyngon ni. Dw i'n gallu deall y peth o'i safbwynt hi. Pwy oeddwn i i gael y swydd drosti hi, yn enwedig a finne mor wael ar y dechre? Doedden ni ddim yn ffrindiau am flynyddoedd wedi hynny ac roedd rhyw awyrgylch afiach rhwng y ddwy ohonon ni.

Sbel fawr ar ôl hynny, ces wahoddiad i fod yn westai ar raglen *Jonathan* lan yn y Pop Factory yn y Porth, y Rhondda. Roedd Eleri, wrth gwrs, yn un o'r tîm cyflwyno ar y rhaglen. Daeth diwrnod y recordio a rhaid oedd bod yn yr un stiwdio â hi ac yna, yn ystod y recordio, ar yr un set. Wedi cyfnod byr o letchwithdod a'r naill na'r llall am ddod mlaen gyda'n gilydd heblaw ar gyfer gofynion y rhaglen, daeth yr amser i fod wyneb yn wyneb a dechre siarad oddi ar y camera.

Dywedodd Eleri ei bod yn teimlo'n ofnadwy ynglŷn â sut fuodd pethe rhyngon ni. Dywedais i nad oeddwn i am i bethe fod fel'na o gwbwl. Yn y diwedd, daeth y ddwy ohonon ni i'r fan lle roedd yn rhaid anghofio'r gorffennol. Roedd yn meddwl lot fawr i fi ei bod hi wedi dweud yr hyn ddywedodd hi bron i ddeng mlynedd yn ddiweddarach. Mae'r aer wedi ei glirio erbyn hyn, diolch byth, ac mae'n braf gallu dweud hynny.

Yr un oedd y sefyllfa gyda Lowri Morgan,

cyflwynwraig *Ralio* ar S4C nawr ac un sydd wedi gwneud rhaglen ar ddeifio lawr i olion y *Titanic*. Roedd y ddwy ohonon ni wedi bod yn cyd-chwarae ers i ni fod yn blant gan fod tad Lowri yn ddoctor yn Llwchwr a 'nhad inne yn ddoctor yng Ngorseinon.

Fe aeth y ddwy ohonon ni i goleg yng Nghaerdydd – Lowri i'r Brifysgol a fi i Gyncoed – ac fe ddechreuon ni chwarae rygbi yn erbyn ein gilydd. Cafodd y ddwy ohonon ni ein capiau cynta i Gymru yn yr un tymor. Roedden ni'n rhannu stafell adeg gemau oddi cartre dros Gymru. Ond pan ges i'r swydd gyda'r *Clwb Rygbi*, yn sydyn iawn doedd Lowri a fi ddim yn ffrindiau mwyach. Diolch byth, mae hynny hefyd wedi dod i ben nawr ac rydyn ni'n ffrindiau unwaith eto. Fe wnaethon ni gyflwyno dwy gyfres o *Concro'r Cwm* ar S4C gyda'n gilydd yn ddiweddar. Mae Lowri wedi gwneud yn arbennig o dda fel cyflwynydd ers hynny, ac fel yn achos Eleri, dw i'n gallu gweld pam iddi deimlo fel y gwnaeth hi ar y pryd.

Roedd Sarra Elgan yn gwneud profiad gwaith gyda Chwmni 10 cyn ceisio am y swydd gyflwyno gyda'r cwmni ac fe ddywedodd ar y pryd iddi fynd am y cyfweliad er mwyn y profiad. Mae hi ychydig flynyddoedd yn iau na fi, Eleri a Lowri ac felly roedd hi mewn sefyllfa gwbwl wahanol i ni. Fe barhaodd Sarra i wneud ei phrofiad gwaith ar ôl i fi gael y swydd a nawr rydyn ni'n gweithio gyda'n gilydd ar raglen *10 Jonathan*.

Mae'n rhyfedd fel mae pethe'n digwydd. Mae Eleri, Lowri, Sarra a fi wedi gweithio gyda'n gilydd ar gyfresi gwahanol ers y cyfweliad cynta hwnnw ddaeth â ni gyd at ein gilydd yn wreiddiol. Yn bersonol, mae'n llawer gwell 'da fi chwarae rôl y cyfrannydd, neu'r *pundit*, yn hytrach na chyflwynydd ar y blaen ar ei ben ei hun. Mae gen i fwy o ryddid i roi fy marn fy hun ar hyn a'r llall yn hytrach na gorfod torri cwys ddiduedd wrth drafod pob pwnc.

Fe fues i ar ddarllediadau ITV yn ystod Cwpan Rygbi'r Byd y dynion yn 2007 fel *pundit*, y fenyw gynta i wneud, ac mae'n well 'da fi hynny o lawer. Roeddwn gyda Richard Best, Scott Quinnell, Rob Howley a Phil Davies yn gwneud sylwadau ar gemau amrywiol y gystadleuaeth. Roedd yn gyfle i fi ddangos nid yn unig fy ngwybodaeth ond y rhyddid barn oedd 'da fi o'i gymharu â rhai o'r lleill. Roedd dau ohonyn nhw'n gweithio i Undeb Rygbi Cymru ac felly'n gorfod bod yn ofalus beth o'n nhw'n ei ddweud. Yn aml iawn, roedd y sylwadau oddi ar y camera yn wahanol iawn i sylwadau'r un bobol o flaen y camera. Mae hynny'n drueni mawr.

9

Y Gwir Noeth

'BABE GOES DOWN 9 times for record...'

Nid y pennawd gorau i fi weld erioed ond roedd yn arwydd cynnar o'r sylw a ddaw yn sgil bod yn fenyw sy'n chwarae rygbi. Rhywun o'r *Daily Sport* gafodd yr ysbrydoliaeth i sgrifennu'r fath eiriau ac roedd llun ohona i yn gorwedd ar y gwair mewn ffrog ddigon *feminine*, yn dal pêl rygbi a gyda *togs* rygbi am fy nhraed. Roeddwn newydd sgori naw cais i dîm Clifton ac 14 trosiad mewn gêm yn erbyn yr Old Leamingtonians. Roedd fy nghyfanswm ceisiau a'r cyfanswm pwyntiau – 73 – yn record i unigolyn ac roedd y *Sport* am gofnodi hynny yn ei ffordd unigryw ei hun. 'Best bar Non' oedd pennawd tamed bach mwy cynnil yr *Evening Post* yng Ngwlad yr Haf a 'Good Evans... I think that's a world record' meddai'r *Daily Mirror*. Ac 'Ain't she scrummy!' meddai'r *Daily Star*.

Rhywbeth cymharol newydd oedd cael y sylw yma oherwydd y rygbi, nid yn unig i fi ond i rygbi menywod yn gyffredinol. Ar ddiwedd y nawdegau, dechreuodd delwedd gêm y menywod newid ac roedd yn gyffrous i fod yn rhan o'r newid hwnnw. Roedd y dryswch ynglŷn â fi a chwaer Ieuan Evans yn dangos lot a dweud y gwir. Go brin y bydden nhw wedi cymysgu

Gwyliau teulu ym Mro Gŵyr. Dadi, Mami, Mair, fi ac Owain

Dydd Gŵyl Dewi

Fi ac Ann Evans yng nghlwb jiwdo Pontarddulais

Ennill y gwregys du, 1990

Ar y ffordd i ennill medal aur ym
Mhencampwriaethau *Powerlifting*
Ieuenctid y Byd, 1997

Y *snatch*, Gemau'r Gymanwlad ym
Manceinion, 2002

Morgan Hopkins, Ray Gravell a fi – lluniau hysbysrwydd *Y Clwb Rygbi*, 1997

Lluniau cyhoeddusrwydd S4C ddoe a heddiw!: *Y Clwb Rygbi*, 1997; *10 Jonathan*, 2010

Llun: Mei Lewis

Jonathan Davies, fi, Sarra Elgan a Tim Lloyd, *10 Jonathan*, 2010

Llun: Mei Lewis

Therapi celf wedi'r anaf i'r goes!

Mas o'r ffordd bawb, ma Non ar y ffordd! *Gladiators*, 1997

Penawdau Gemau'r Gymanwlad ym Manceinion, 2002

EXCLUSIVE: Competing for Wales at judo and weightlifting in space of 24 hours

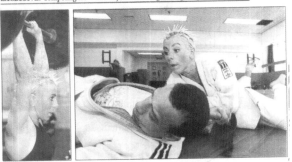

AIMING FOR DOUBLE GLORY: *Non Evans shows her strength at weightlifting (left) and judo as she steps up her training for a unique double at this summer's Commonwealth Games in Manchester* Pictures: Nick Treharne

Evans poised for unique Games double

Jiwdo ym Manceinion, 2002

Enillwyr cyfres S4C, *Concro'r Cwm*, 2008

Rhannu jôc gyda'r Dywysoges Anne,
Manceinion, 2002

Pennawd pryfoclyd cyn XV Gorau'r
Byd, 2003

Rhagor o bryfocio!

Cael fy 50fed cap gan yr arwr, Gareth Edwards

Hand off ar Estelle Sartini v Ffrainc, Heol Sardis, 2006 – funudau cyn torri fy nghoes
Llun: Huw Evans

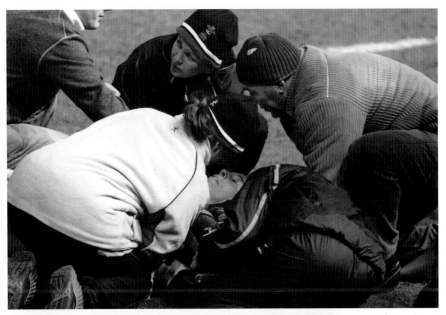

Y boen a'r gofid!

Lluniau: Andrew Orchard

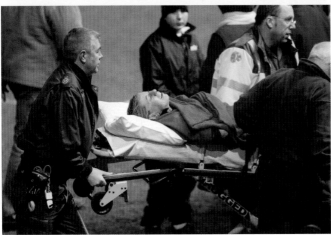

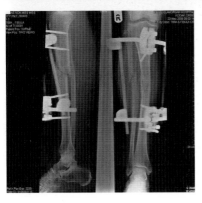

Fy nghoes yn cael ei dal at ei gilydd gan folltau a ffrâm!

Cwpwrdd Dillad, S4C, 2009

Y gic i guro Lloegr, 2009
Llun: Huw Evans

Cais rhif 64 v Eidal, 2010
Lluniau: Huw Evans

Dathlu ar ôl curo Lloegr, 2009
Llun: Huw Evans

Cwpan y Byd, 2010
Llun: Huw Evans

Mami a Dadi ym mhriodas Owain fy mrawd, 2010

Owain a Nicola yn priodi, 2010

Y *gym* yn y sied, Pentyrch – fy ail gartre!

Llun: 'Champions Series', Darragh Murphy

Fi a Mair fy chwaer gyda'i phlant, Trystan ac Alys, ym mhriodas Owain

Gemau'r Gymanwlad yn Delhi, 2010

Lluniau: Ben Evans

Delhi, 2010
Llun: Ben Evans

Y chwysu i golli pwysau!
Delhi, 2010

Ymarfer yn Delhi, 2010

Delhi, 2010

Lluniau: Ben Evans

ffeithiau fel'na gyda dau ddyn ym myd y campau. Ond doedd neb yn gwbod fawr ddim amdanon ni. Doedd ein campau ddim yn cael lot o sylw ac o ganlyniad doedd ein proffil ddim yn uchel chwaith.

O ran sylw, fe ddechreuodd gyda *Gladiators* a chyflwyno *Y Clwb Rygbi* am y tro cynta. Doedd dim diwedd ar y penawdau a'r sylw yn y papurau Cymraeg a Saesneg. 'Cawres ymhlith y cewri rygbi' meddai'r *Western Mail* a 'New kid on the box' meddai'r *Evening Post*. Fe wnaethon nhw ymestyn y stori rywfaint i sôn amdana i fel un o nifer o fenywod oedd yn dechre camu i fyd cyflwyno chwaraeon – pobol fel Gabby Yorath, neu Gabby Logan fel mae'n cael ei hadnabod heddi, un o brif gyflwynwyr chwaraeon y BBC bellach. Yn ystod y flwyddyn honno, sef 1997, y cymerodd Sue Barker drosodd fel cyflwynwraig *A Question of Sport*. Roedd yn amlwg bod agweddau'n newid yn gyffredinol tuag at fenywod yn cyflwyno chwaraeon. Ond mae wedi cymryd hyd nawr i'n presenoldeb fod yn gwbwl dderbyniol, a dim ond ambell fenyw gaiff roi adroddiadau ar gemau pêl-droed o hyd. Fe glywir yr un hen gŵyn weithiau, sef nad yw menywod sy'n cyflwyno yn gwbod am beth maen nhw'n siarad.

Ar y dechre, roeddwn i'n cytuno â hynny ambell waith a dw i wedi dweud yr un peth fy hun. Mor bell ag oedd rygbi yn y cwestiwn, roeddwn i o leia yn gwbod am beth o'n i'n siarad gan i fi chwarae i Gymru chwe gwaith cyn dechre cyflwyno'r gêm ar y teledu.

Os oedd sylwadau ynglŷn â'r gêm o gwbwl, roedden nhw'n debycach i'r farn gyffredinol a glywais i mewn tafarndai amrywiol dro ar ôl tro – "Lesbians yw'r menywod sy'n chwarae rygbi i gyd!" Dyna'r farn a dyna'r ddelwedd. Tan i rhywun benderfynu bod angen dod â'r *glam* i fyd rygbi menywod.

Fe wnaeth cylchgrawn *Wales Sports Cymru* erthygl arna i ddiwedd y nawdegau. 'Hey, Nonney Nonney!' oedd y teitl, ac roedden nhw am roi sylw i fy ngyrfa newydd yn cyflwyno chwaraeon. Ond, heblaw am gyhoeddusrwydd oedd ynghlwm â gwaith teledu, y blas cynta ges i o sylw oherwydd bo fi'n chwaraewraig rygbi yn unig oedd *splash* dros dudalen yn y *Mirror* yn 1999. Y pennawd oedd, 'So who says women rugby players aren't sexy?' Roedd brawddeg agoriadol yr erthygl yna yn crynhoi beth oedd yn digwydd ar y pryd: 'Non Evans is kicking rugby's image into touch.' Doeddwn i ddim yn ymwybodol bo fi wedi dechre ymgyrch o'r fath, ond roeddwn i'n ddigon bodlon i gefnogi'r syniad hwn. Fe wnaeth yr erthygl hefyd sôn am y niwed a wnaed i ddelwedd rygbi menywod yng Nghymru oherwydd y cyhuddiadau maleisus mai lesbiaid oedd pob un ohonon ni. Mewn gwirionedd, doedd yna ddim mwy o fenywod hoyw yn rhan o rygbi yng Nghymru nag mewn unrhyw gamp arall drwy'r byd. Ond roedd y cyhuddiad wedi stico yng Nghymru ac wedi gwneud lot fawr o ddrwg.

Y neges roeddwn i'n awyddus i'w lledaenu ar y pryd oedd ein bod fel menywod yn chwarae gêm oedd yn cael ei galw'n *contact sport,* ond roedd pob un ohonon ni oedd yn chwarae'r gêm yn fwy na pharod i fod yn hollol ferchetaidd, os mai dyna'r gair, y funud roedd y chwiban ola wedi'i chwythu. Gyda'r erthygl, roedd lluniau ohona i mewn cit rygbi ac mewn top *chemise* pinc a sgert dynn, fer, ddu. Ond y peth mwya arwyddocaol am yr erthygl yna oedd iddi gael ei llunio yn y lle cynta. Roedd lot mwy i ddod wedi hynny.

Roedd gan Rupert Moon ran amlwg yn y *splash* cyhoeddusrwydd nesa oedd i ddod i'm rhan. Â'r mileniwm newydd ar y gorwel, llwyddodd rhywun i berswadio Rupert y byddai'n syniad da iddo baratoi calendr ar gyfer y flwyddyn 2000. Wel, ocê, Rupert ei hun gafodd y syniad ar gyfer ei flwyddyn dysteb gyda'r Scarlets. Ac enw'r calendr? *Millennium Moon*! Ac, ie, chi'n iawn, roedd pob un ohonon ni'n gorfod dangos ein penolau! Llwyddodd i berswadio nifer o sêr Cymru i noethi eu penolau ar gyfer y calendr, a fyddai'n codi arian at elusennau. Roedd Keith Allen ymhlith y sêr ar y calendr ac Emma Hignett oedd yn cyflwyno'r tywydd i HTV ar y pryd. Cydiodd yr holl beth yn nychymyg papurau Llundain, ac roedd llun o fy mhen-ôl ar dudalennau'r *Daily Star* a'r *News of the World* hefyd. Doeddwn i ddim wedi disgwyl hynny pan wnes i drio am gyfweliad i gyflwyno rygbi ar S4C ac yn sicr doedd dim byd tebyg ar fy meddwl pan ges i swydd yn Ysgol y Cymer!

Fel'na fuodd hi wedyn. Lai na deufis ar ôl straeon y *Star* a'r *News of the World*, fe ddewisodd y *Wales on Sunday* gynnwys fy marn mewn erthygl ynglŷn ag agwedd athletwyr Cymreig tuag at gael rhyw ar y noson cyn cystadleuaeth. Gofynnwyd i'r athletwyr Iwan Thomas a Jamie Baulch am eu barn, a'r pencampwr dartiau, Richie Burnett. Fi oedd yr unig ferch yn yr erthygl. Fydde neb wedi gofyn am farn un o chwaraewyr tîm rygbi menywod Cymru flwyddyn neu ddwy ynghynt hyd yn oed.

A beth yw'r ateb i'r cwestiwn, a ddyle athletwr gael rhyw ar y noson cyn cystadleuaeth fawr? Mae'n dibynnu'n llwyr pwy sy'n cynnig! Ond, o ddifri, fel arfer byddai'n llawer gwell 'da fi fod ar fy mhen fy hun y noson cyn gêm fawr, er mwyn paratoi'r meddwl a'r ffocws.

Yn ystod haf 2000, fe gododd y *Wales on Sunday* y proffil yn uwch fyth. Mewn pennawd bras dros ddwy dudalen roedden nhw am ddatgan, 'The girls tell all – sexy rugby stars reveal their rugby secrets.' Fe ddewison nhw bedair ohonon ni fenywod oedd yn chwarae i Gymru ar y pryd, Cath Charlton, Pip Evans, Dawn Mason a fi, a gofyn 13 o gwestiynau personol iawn i ni ynglŷn â'n hagwedd tuag at ddynion a phob math o bethe eraill. Yn ôl yr erthygl, bwriad yr holl beth oedd profi bod 'rugby girls' yn 'sexy girls'. Roedd pethe'n sicr yn newid. Roedd agwedd pobol tuag at y ffaith bod menywod yn chwarae'r gêm yn bendant yn wahanol yn 2000 i sut yr oedd flwyddyn neu ddwy ynghynt.

Ochor yn ochor â'r rhestr o gwestiynau treiddgar fel 'Ydych chi'n credu bod dynion sy'n chwarae rygbi yn secsi?' a 'Pa mor aml ydych chi'n cael rhyw bob wythnos?' roedd erthygl fer amdana i. Roedd y newyddiadurwr yn teimlo bod rhaid iddo esbonio ambell beth ynglŷn â rygbi menywod:

> The girls are coached by men but no males are allowed to enter the changing rooms until the girls are dressed and ready to play.

On'd yw hynny'n swno'n rhyfedd iawn o'i ddarllen nawr? Mae bron fel rhywun yn trio disgrifio gweithred gyffredin iawn i ymwelydd o'r blaned Mawrth. Mae mor drwsgwl â hynny. Dw i'n cael fy nyfynnu yn y stori yn dweud hyn:

I like doing features like this because I want more
and more people to understand that just because
we're girls, we can still play rugby.

Dw i hefyd yn dweud yn yr erthygl bo fi'n dechre teimlo
bod agwedd y cyhoedd yn newid tuag at rygbi menywod.
Ddeng mlynedd yn ddiweddarach, dw i'n credu bod
newid wedi digwydd ond mae sbel gyda ni fynd o hyd,
yn enwedig y rhai sy'n trefnu'r gêm yng Nghymru. Ond
mwy am hynny wedyn.

Doedd dim arwyddocâd ehangach i bob stori.
Ambell waith, fel y byddech chi'n ei ddisgwyl gyda'r
tabloids, byddai clecs heb unrhyw sylwedd o gwbwl
iddynt yn cyrraedd y tudalennau hefyd. Ychydig cyn
Nadolig 2000, cydiodd y Mirror mewn stori amdana
i mewn cinio gyda chlwb pêl-droed Caerdydd. Roedd
lot wedi sylwi ar y tatŵ ar fy ysgwydd dde. Trodd
un ata i a gofyn beth oedd arwyddocâd symbolau
Tsieineaidd y tatŵ. Yn ôl y Mirror, fe droiais i at
berchennog clwb Caerdydd ar y pryd, yr unigryw
Sam Hammam, a dweud, "Anything you want it to,
darling!" A ddywedais i hynny? Does dim gwahaniaeth
un ffordd na'r llall. Y pwynt oedd bod y papur yn
credu ei fod yn werth ei brintio.

Gyda'r sylw, fe ddaeth cyfleoedd i wneud pethe
ar gyfer elusennau ac ambell beth, bron â bod,
jest er mwyn eu gwneud nhw. Cefnogais ymgyrch
gyda'r bwcis Jack Brown i godi arian i Tŷ Hafan, ac
yn Chwefror 2002 fe baentiwyd fy nghorff i gyd yn
lliwiau cit Cymru. Ces fy mherswadio gan y Mirror i
baentio fy nghorff – y rhan ucha mewn coch gyda'r
logos perthnasol i gyd yn eu lle yn deidi, a'r siorts
gwyn ar yr hanner gwaelod. Dim ond pêl rygbi oedd
yn cuddio rhannau penodol o 'nghorff. O dan y

pennawd 'Non on for the lads' roedd y geiriau yn dweud y byddai'r lluniau'n ysbrydoli Neil Jenkins a'i dîm i guro Lloegr yn Stadiwm y Mileniwm. Fe dreuliais i bump awr mewn stafell golur er mwyn i'r paent gael ei roi arna i!

Ond erbyn 2001 roedd arwyddion bod y wasg yn dechre rhoi'r heip a'r rygbi ei hun ochor yn ochor â'i gilydd. Dros dudalen gyfan o'r *Mirror* a phapurau eraill, roedd llun o Clare Flowers, Pip Evans, Dawn Mason a fi a'r stori'n sôn am glybiau Llanelli, Pontypridd, Casnewydd ac Abertawe yn cynnal tîm menywod i chwarae yn erbyn ei gilydd mewn cystadleuaeth o'r enw'r Super Cup. 'Girls scrum out to play' oedd y pennawd ac roedd llun o'r pedair ohonon ni yn ein citiau perthnasol – fi yn falch iawn i wisgo crys Llanelli! – yn Stadiwm y Mileniwm. Dyna ddechre ar gael yr un fath o sylw cyn cystadleuaeth fawr ag y byddai'r dynion wedi'i gael – y lluniau, y *poses*, yr heip, popeth yr ydym yn gyfarwydd â gweld y dynion yn ei gael hyd yn oed heddi.

Fi oedd yn cael y sylw hwn i gyd, mae hynny'n gwbwl amlwg. Does dim angen i fi wadu bo fi'n mwynhau'r cyfan, ond yn ei fwynhau i raddau yn unig. Roeddwn i fel person wedi dod mlaen yn bell ers y dyddie y bu'n rhaid i Perky fynd â fi i dynnu llun cyhoeddusrwydd ym Mharc y Rhath. Roedd yn rhaid i fi dderbyn yr hyn oedd yn digwydd i fi er mwyn addasu i'r byd newydd yr oeddwn yn rhan ohono.

Ond hefyd, roeddwn yn ymwybodol iawn bod yr holl sylw yr oeddwn yn ei gael yn golygu sylw i rygbi menywod yng Nghymru. Roedd gwir angen hwnnw. Dywedais ar un adeg y byddwn yn fodlon cael tynnu llun ohona i'n gwbwl noeth os byddai hynny'n help i achos rygbi menywod. Hyd yn hyn, does neb wedi gofyn i fi brofi a oeddwn o ddifri yn dweud hynny neu beidio!

10

Cic o Dîm Cymru!

FE YMDDANGOSODD Y PENAWDAU rygbi cynta amdana i wedi fy ngêm gynta i Gymru. Alla i ddim mynegi'r balchder roeddwn yn ei deimlo wrth weld 'Evans is Wales's star' ar draws y dudalen yn adran chwaraeon y *Western Mail* yn 1996. Roedd Cymru newydd guro'r Alban 11–6. O dan hyfforddiant Paul Ringer, roedden ni wedi dod nôl o 6–0 hanner amser i ennill, diolch i ddwy gôl gosb gan Amanda Bennett a chais gan Louise Rickard.

Ond wrth adrodd am y gêm, fe gydiodd y gohebydd yn y ddadl ehangach oedd yn corddi ar y pryd, sef safon rygbi menywod yn gyffredinol: '... the standard of their rugby can be fairly compared with that of an under 13 schoolboy team where the ball handling skills can often be a let down'. A ni oedd yr oedolion oedd yn cynrychioli Cymru! Ond roedd e'n iawn i ddweud hynny. Cyfeiriodd ata i gan ddweud mai dewis pobol fel fi, oedd wedi profi eu hunain fel athletwyr yn barod, oedd y ffordd ymlaen i'r gêm yng Nghymru.

Roedd y gêm nesa i Gymru, ar Gae'r Bragdy ym Mhen-y-bont ar Ogwr, yn fuddugoliaeth ysgubol arall i ni, 32–5 yn erbyn Iwerddon a finne'n sgori dau gais. Ymddangosodd llun a phennawd amdanaf unwaith eto. Roedd yn mynd yn dda iawn i fi ar y cae ac roeddwn wrth fy modd yn chwarae ac yn cynrychioli Cymru. Erbyn 2002 roeddwn wedi ennill 38 cap i Gymru, sgori llwyth o geisiau ac wedi cymryd y cyfrifoldeb cicio hefyd.

Roedd 2002 yn flwyddyn dyngedfennol i fi. Dyna pryd roedd Gemau'r Gymanwlad ym Manceinion a finne wedi cael fy newis i gynrychioli Cymru yn y jiwdo a'r codi pwysau. Roedd hefyd yn flwyddyn Cwpan Rygbi'r Byd. Diolch byth, roedd y rygbi ym mis Mai a'r gemau ym mis Awst felly doedd dim gwrthdaro o ran amserlen a dim cymhlethdodau wrth gymryd rhan yn y ddwy gystadleuaeth.

Ond wnes i ddim ystyried agwedd Undeb Rygbi Cymru tuag at hyn i gyd. Cyrhaeddodd amserlen sesiynau hyfforddi tîm rygbi Cymru. Roedd yn amlwg yn syth bod ambell wrthdaro rhwng sesiwn ymarfer rygbi ac un neu ddwy o'r cystadlaethau jiwdo, ond dim byd difrifol. Felly, draw â fi at yr Undeb i ofyn am ganiatâd i golli un neu ddwy o sesiynau Cymru er mwyn cael gwneud y jiwdo. Ond fe wnaethon nhw wrthod yn blwmp ac yn blaen. Doeddwn i ddim yn hapus â hynny o gwbwl. Ond roedd mwy i ddod.

Un penwythnos penodol, tua diwedd 2001, roedd sesiwn ymarfer gan Gymru ar y dydd Sadwrn, gêm 'da fi i dîm Clifton ar y Sul ac yna, yn fwy pwysig na'r ddau yna, arholiadau ar gyfer swydd newydd fel cynrychiolydd meddygol ro'n i'n gobeithio ei chael gyda chwmni fferyllol Eli Lilly yn Southampton ar y dydd Llun. Er mwyn bod yn gynrychiolydd meddygol mae'n rhaid pasio arholiadau ABPI, sef corff llywodraethol y diwydiant fferyllol. Roedden nhw'n arholiadau hollbwysig. Os na fydden i'n pasio, ni fyddai gwaith i fi. Roedd gofyn eistedd arholiad cyfraith feddygol, anatomeg a ffisioleg, a gwybod am yr holl gyffuriau roedd y cwmni'n eu hybu. Doedd dim modd cymryd rhan yn y rygbi ac adolygu ar gyfer arholiad. Felly, gan esbonio difrifoldeb y sefyllfa gofynnais am ganiatâd i ymarfer yn y bore gyda Chymru ar y Sadwrn er mwyn gweithio yn y prynhawn. Unwaith eto, gwrthodwyd fy nghais a gwrthodwyd i fi gael y prynhawn Sadwrn yn rhydd. Doedd dim dewis 'da fi ond ei gymryd yn rhydd – roedd rhaid i fi adolygu. Chwaraeais i Clifton ar y Sul am nad oedd cefnwr arall ar gael y penwythnos hwnnw, ac roedd yn gêm bwysig yn erbyn y Saraseniaid. Byddwn, yn syml, wedi siomi pob un o'm cyd-chwaraewyr wrth beidio â chwarae.

Daeth hyfforddwr Cymru ata i rai dyddie yn ddiweddarach a gofyn pam i fi chwarae i Clifton a pheidio â hyffordi gyda Chymru. Dywedais wrtho, yn syml, bod y Sadwrn wedi ei roi at yr adolygu a'r Sul at chwarae ac adolygu pellach ac yna dreifo lawr i dde Lloegr ar gyfer yr arholiad.

Doedd e ddim yn fodlon derbyn hynny. Pennawd y *Wales on Sunday* ar y Sul canlynol oedd 'Kicked out!' Roedd yr is-bennawd yn esbonio, 'Wales star not committed.' Roeddwn wedi cael fy ngollwng o garfan Cymru ar gyfer Pencampwriaethau'r Chwe Gwlad a Chwpan y Byd. Cefais lythyr gan yr Undeb ar 12 Rhagfyr yn cadarnhau i fi gael fy ngollwng o'r garfan. Rhoddwyd dau reswm. Yn gynta roeddwn wedi colli sesiwn ymarfer ac yn ail roeddwn wedi rhoi fy nghlwb cyn fy ngwlad.

Roeddwn wedi fy syfrdanu'n llwyr ac roedd yn anodd iawn fy nghysuro. Anodd oedd derbyn i mi gael fy ngollwng. Dyw hynny ddim yn deimlad braf i rywun sydd mor falch o chwarae dros ei gwlad. Dyna oedd yr uchafbwynt i fi ac fe ges fy ngollwng yn ddiurddas a diseremoni.

Roedd y cyhuddiad i fi ddangos diffyg ymroddiad hefyd yn rhoi lot o loes. Dyw hynny ddim yn derm sy'n cael ei ddefnyddio i fy nisgrifio i fel arfer. Fe deimlais y peth yn bersonol heb os.

Ar 10 Ionawr, ces alwad ffôn gan Richard Hodges, Cyfarwyddwr Rygbi Menywod Undeb Rygbi Cymru, yn gofyn i fi fynd i gyfarfod gyda fe a rhai o'r swyddogion eraill. Ces gyngor i beidio â mynd ar fy mhen fy hun ac fe ddaeth y chwaraewr rhyngwladol Craig Quinnell gyda fi. Yn bresennol yn y cyfarfod roedd Richard Hodges a Gareth Kear, rheolwr y tîm, a John Williams, yr hyfforddwr. O ddechre'r cyfarfod i'r diwedd bu'r tri'n ceisio cyfiawnhau eu penderfyniad. Roedden nhw'n ddigon parod i gydnabod fy ngallu a fy noniau. Ond doedden nhw ddim yn fodlon i fi golli ymarfer a chwarae i Clifton.

"Beth petawn i'n dost ac wedi colli sesiynau achos hynny 'te?" gofynnais yn ddigon syml.

Byddai honno'n stori wahanol yn ôl yr hyn a ddywedodd y tri. Felly, roeddwn yn talu eto am fod yn onest a dweud yn union pam nad oeddwn ar gael. Ar ben hynny, roedd merched eraill yn gorfod colli sesiwn oherwydd gwaith yn achlysurol. Gadewais y cyfarfod wedi cael yr argraff glir eu bod nhw am wneud esiampl ohona i. Dyna oedd barn Craig hefyd. Roedd 'da fi broffil uchel ar y pryd. Roeddwn yn un o'r chwaraewyr mwya profiadol. Ond roeddwn i hefyd mas ar fy nhrwyn.

Roedd cefnogaeth y menywod eraill yn y tîm

yn anhygoel ac yn codi fy nghalon gryn dipyn. Fe gysylltodd cyn-gapten Cymru, Lisa Burgess, yn syth a dweud ei bod yn ei dagrau o glywed ac wedi ystyried ymddeol. Wnaeth hi ddim, wrth gwrs, ond roeddwn yn gwerthfawrogi ei geiriau.

Ces fy atgoffa ar ôl i hyn i gyd ddigwydd i fi wneud sylwadau digon dadleuol gwpwl o flynyddoedd ynghynt. Yn 2000, ysgrifennodd yr *Evening Post* gyfres o erthyglau am fenywod oedd yn cymryd rhan mewn chwaraeon yng Nghymru. Daeth fy nhro i. Y pennawd y tro hwn oedd, 'Give us more support Non asks Welsh clubs.' Galw o'n i bryd hynny am fwy o gefnogaeth gan rygbi'r dynion yng Nghymru i'n rygbi ni. Roeddwn i'n credu'n gryf y byddai gêm y menywod yn datblygu'n well petai yna gyswllt agosach â chlybiau prif gynghrair y dynion. Cefais fy nyfynnu yn y stori'n dweud, 'It's a different world in England because the women's sides are so closely linked with the men's.'

Cafodd y rhai ohonon ni a aeth i chwarae yn Lloegr ein beirniadu'n hallt a llym ar y pryd. Ond pan ymddangosodd yr erthygl, roedd menywod Cymru yn chwarae menywod Ffrainc y noson honno. Doedd dim un o dîm Cymru yn chwarae i glwb yng Nghymru. Cymraes, Clare Flowers, oedd prif sgoriwr ceisiau clybiau Lloegr ar y pryd hefyd. Yn syml, roedden ni ishe'r cyfleusterau gorau a'r gallu i gystadlu ar y lefel ucha bosib. Doedd hynny ddim yn mynd i ddigwydd yng Nghymru tra bod y system fel yr oedd hi. Roedd y dalent yno, felly pam na allen ni ei datblygu yn ein gwlad ein hunain? Dyna'r math o beth oedd yn yr *Evening Post*, ac wrth wynebu gadael tîm Cymru daeth y geiriau nôl i'r meddwl.

Ar ôl cael fy nhwlu mas yn 2002, fe ddes i nôl i dîm Cymru yn y pen draw a mwynhau chwarae unwaith eto, diolch byth. Teimlad braf oedd tynnu'r crys 'na mlaen! Fe aeth pethe'n weddol dda am ryw dair blynedd. Ond unwaith eto, fe gododd gwleidyddiaeth ynglŷn â'r ffordd mae ein gêm ni fenywod yn cael ei threfnu ei ben hyll. Dechreuodd dadl arall gyda chanlyniadau mwy difrifol na phan ges i fy ngollwng o'r garfan yn wreiddiol.

Yr un oedd y pwnc unwaith eto. Trefn y gêm. Lefel sgiliau. A chanlyniad yr holl anesmwythder? Chwaraewyr o Gymru yn croesi'r ffin i chwarae i glybiau Lloegr. Roedd Gareth Roberts yn y *Western Mail* wedi codi'r pwyntiau yma yn 1996. Roedd Stephen Jones yn y *Times* yn gwneud gwmws yr un peth yn 1998, fel dw i wedi cyfeirio ato'n barod. Nawr, roedd yn bwnc llosg eto.

Y *Rugby Times* gyhoeddodd y stori gynta, fel *exclusive*. 'Wales in crisis as stars walk away' oedd pennawd stori oedd yn dweud bod Cymru 'in complete disarray'. Sail y stori oedd dweud bod deuddeg o chwaraewyr rhyngwladol Cymru wedi gadael carfan Cymru ers i'r hyfforddwyr, Phil John ac Alun Harries, ddechre. Roeddwn i'n un ohonyn nhw.

Y man cychwyn oedd sesiwn hyfforddi ar ddechre'r tymor a'r hyfforddwr newydd, Phil John, yn dweud nad oedd am i April Dent a Clare Flowers fod yn ei garfan mwyach. Chafon nhw ddim eu dewis. Roedd y ddwy yn chwaraewyr profiadol iawn, yn enwedig Clare, ond doedd dim lle iddyn nhw. Fe wnaeth rhai o'r chwaraewyr mwya profiadol eraill, Jamie Kift, Naomi Thomas, Kerry Jenkins a Dawn Mason, holi pam nad oedd April a Clare wedi cael eu dewis. Yr ateb gafon nhw gan yr hyfforddwr oedd nad oedd unrhyw ddyletswydd arno i egluro'i benderfyniad i'w chwaraewyr.

Doedd y merched ddim yn disgwyl y fath ymateb. Fe ddywedon nhw wedyn, os na fydde rhyw fath o drafodaeth yn digwydd, bydden nhw'n ystyried gadael y garfan. Mae ateb Phil John i hynny yn enwog ym myd rygbi menywod erbyn hyn: "There's the door!" meddai, gan bwyntio at ddrws yr ystafell. Mas, felly, trwy'r drws dan sylw aeth Naomi, Jamie, Kerry a Dawn.

Doeddwn i ddim yn y sesiwn honno gan fy mod yn Seland Newydd ar y pryd. Roeddwn nôl yng ngharfan Cymru ar ôl cael *kick-out* ac wedi cael fy newis yn Chwaraewr y Flwyddyn yn 2002/03, ond roeddwn yn chwarae rygbi yn Seland Newydd pan ddigwyddodd hyn i gyd. Daeth y newyddion yn ddigon sydyn. Prynais gerdyn ffôn yn Auckland er mwyn ffonio Clare ac fe gafon ni sgwrs hir o un pen y byd i'r llall. Dywedais y byddwn yn mynd i'r sesiwn gynta ar ôl dod nôl i Gymru er mwyn gweld beth oedd beth drosof fy hun. Fe es i ambell sesiwn hyfforddi ac yna, yn ystod un penwythnos hyfforddi yng Ngerddi Soffia, edrychais o 'nghwmpas yn yr ystafell newid a dweud wrtho fy hun nad oeddwn i'n gallu bod yn rhan o hyn mwyach. Felly, mas â fi hefyd.

Ar y pryd, roeddwn yn byw gyda'r cyn-chwaraewr rhyngwladol Mark Perego. Ysgrifennodd e at Steve Lewis, Rheolwr Undeb Rygbi Cymru, yn amlinellu beth oedd cwynion lot ohonon ni'r menywod oedd yn chwarae i Gymru. Pwynt cynta'r llythyr oedd:

Since the current Welsh coaches were appointed, 12 players, with over 500 international caps between them, have left the senior women's squad. All 12 are still eligible to play, disqualified by neither injury nor age. 5 still play rugby for a team second in the English Premiership, the highest level of club rugby currently found in Britain. All 12 represent professions from every walk of life and include teachers and lecturers. Of those 12, only one is currently involved in any capacity whatsoever, with Welsh women's rugby.

Dyna osod y ffeithiau ar y dechre. Cyn rhoi unrhyw beth ar bapur, roedd Mark wedi siarad gydag ugain o fenywod oedd yn rhan o drefn Cymru er mwyn gwneud yn siŵr bod ei ffeithiau'n gywir ac i osgoi unrhyw awgrym ei fod ond yn lleisio'r cwynion oedd 'da fi ar y pryd. Wedi gosod y ffeithiau, aeth yn ei flaen i wneud sawl pwynt arall:

... this absence has been treated with complete indifference by Wales' most senior coaches. Why? ... Ask any young girl who has thought of playing rugby to name a player they'd like to play alongside, and they are unlikely to name any outside the 12 girls who are now no longer involved... Why have some international players felt unable to play under the current coaches' heavy-handed style of management?... If you look at the players who have excelled the most in Welsh teams over the last six years, they are those who play in the English leagues.

Mae lot o gymharu sefyllfa Cymru â Lloegr yn y llythyr. Doedd hynny ddim yn bwynt newydd. Cafodd ei wneud sawl gwaith gan sawl person dros y blynyddoedd. Gan i'r *Rugby Times* gydio yn y stori gynta, fe gafodd y llythyr a'r sylwadau a wnaed ynddo eitha effaith yn y byd rygbi yn gyffredinol. Yn yr erthygl honno, fe wnaeth Mark hefyd ddweud bod Phil John ac Alun Harries wedi gwrthod trafod y pryderon gydag e. Dywedodd hefyd fod y dynion a fu'n hyfforddi tîm Cymru ddim ond yn defnyddio gêm y menywod er mwyn eu lles eu hunain wrth iddyn nhw ddringo ysgol hyfforddi Undeb Rygbi Cymru. Mae hynny'n sicr yn rhywbeth dw i wedi'i weld fy hun a dw i'n cytuno gyda'r sylw. Mae bron pob un a fu'n hyfforddi Cymru wedi mynd mlaen i lefelau uwch y system hyfforddi yng ngêm y dynion. Does dim byd yn bod gydag uchelgais, dw i'n gwbod hynny. Ond, mae'n rhaid dweud bo fi'n amau'n fawr a oedd gan unrhyw un o'r hyfforddwyr hynny unrhyw uchelgais ar ran unrhyw beth ond nhw eu hunain. Ches i mo'r argraff bod ganddyn nhw unrhyw weledigaeth ar ran rygbi menywod Cymru.

Ymateb Jilly Holroyd, rheolwr rygbi menywod a merched Undeb Rygbi Cymru, oedd pigo arna i gan ddweud bo fi wedi penderfynu gadael am ba bynnag reswm ond ei bod hi'n hapus gyda'r garfan oedd ganddi. Ymateb Phil John, yn ôl y *Rugby Times*, oedd dweud bod yr awyrgylch yn y garfan yn well nag oedd wedi bod erioed. Aeth mlaen i ddweud nad oedd yn deall pam bo fi'n teimlo fel o'n i a pham na fydden i'n mwynhau fy rygbi gyda Chymru.

Bythefnos yn ddiweddarach, daeth ateb Undeb Rygbi Cymru yn enw Steve Lewis. Doedd dim cyfeiriad penodol ynddo at nifer o'r ffeithiau a nodwyd ym mhwynt cynta'r llythyr gwreiddiol ato fe. Wrth ymateb i'r pwynt ynglŷn â'r hyfforddwyr oedd wedi edrych ar ôl tîm y menywod, dywedodd:

I would expect all coaches and players to have aims and aspirations, but they will realise ultimately it is the success of the teams that they coach and their own progress within the coaching development structure that will decide how far they go.

Mae'n mynd yn ei flaen i nodi llwyddiant y tîm ar y pryd, sef y fuddugoliaeth gynta yn erbyn Sbaen, taith lwyddiannus yn Ne'r Affrig – lle nad oedd fawr ddim pwyslais ar rygbi menywod y dyddie hynny a doedden nhw ddim yn agos i fod yn rym yng ngêm y menywod – a cholli o un pwynt yn y gemau ar gyfer y trydydd safle ym Mhencampwriaethau Ewrop, sef y safle ucha i ni ddod. Does dim gwadu bod rheina'n llwyddiannau er nad ydw i'n siŵr bod angen dathlu colli o un pwynt a dod yn bedwerydd! Ond yr eironi mawr oedd i dîm Cymru golli o 81–0 yn erbyn Lloegr naw diwrnod cyn i Steve Lewis anfon ei lythyr – a hynny yng Nghaerdydd. Ar ben hynny, roedd y saith ohonon ni oedd wedi gadael yn sefyll ar ochor y cae yn edrych ar y gêm! Roedd y tîm wedi colli saith gêm yn y flwyddyn hyd at Chwefror 2005 ac ennill pedair. Mewn tair gêm yn erbyn Lloegr rhwng Mawrth 2004 a Chwefror 2005 roedd Lloegr wedi sgori 173 o bwyntiau yn ein herbyn ni a dim ond chwe phwynt lwyddon ni i'w sgori yn eu herbyn nhw. Roedd Ffrainc hefyd wedi ein maeddu ni o 22–0 yn yr un cyfnod. Dyna lle roedd mesur y safon.

Y tymor hwnnw, collodd tîm Cymru bob gêm yn y Chwe Gwlad gan gynnwys colli i Iwerddon am y tro cynta erioed. Hefyd, fe gollon ni ein lle yn y Cwpan y Byd nesa. Ar ddiwedd y tymor, roedd yr hyfforddwyr wedi mynd ac fe ddaeth y chwaraewyr oedd wedi gadael yn ôl. Cafodd Clare Flowers ei gwneud yn isgapten Cymru! Roedd y tymor canlynol yn anhygoel. Fe ddaethon ni'n ail ym Mhencampwriaeth y Chwe Gwlad ac fe guron ni Ffrainc am y tro cynta. Ond, er ein llwyddiant, doedden ni ddim yng Nghwpan y Byd 2006 am i ni fethu sicrhau ein lle ar gefn perfformiadau'r tymor blaenorol trychinebus.

Mae llythyr yr Undeb yn cydnabod bod chwaraewyr wedi gadael ond yn gwrthod derbyn yr un nifer ag yr honnodd y llythyr gwreiddiol. Mae hefyd yn cydnabod bod y rhai a adawodd wedi gadael mewn protest. Ond does dim awydd i ddod i ddeall beth oedd tu cefn i'r brotest honno a pham i'r chwaraewyr deimlo mor gryf.

Daw rhyw gyffyrddiadau personol eto yn llythyr yr Undeb:

> It certainly does not come across that it is the interests of the women's game in Wales that is your driver but rather the interests of a much smaller group of individuals who are disaffected and may be more interested in what's good for them...

Odi, mae hynny yn rhoi loes. Gobeithio'n fawr nad oes yma awgrym mai dyna oedd fy agwedd i. Dechreuais i chwarae i Gymru yn 1996 a dw i'n dal i wneud. Mae rygbi menywod yn agos iawn at fy nghalon. Gallen i o bawb fod wedi dewis o leia ddwy gamp arall yn lle rygbi petawn i ishe a dydw i ddim yn ymateb yn gadarnhaol i awgrym bo fi'n cael fy nghynnwys mewn grŵp o bobol sy'n meddwl am eu buddiannau nhw eu hunain o flaen y gamp ma nhw'n chwarae a'r tîm ma nhw'n rhan ohono.

Mae gweddill llythyr Steve Lewis yn mynd mlaen

wedyn i sôn am systemau a strwythurau oedd yn
bodoli i sicrhau safon a phrosesau cywir ac ati. Digon
posib eu bod nhw i gyd yn gwbwl gywir ac yn eu lle
fel y dylen nhw fod. Ond, roedd rhywbeth yn dal o'i
le.

Falle fod un awgrym wrth wraidd ei anfodlonrwydd
gyda'r ffordd roedd y chwaraewyr yn ymateb i'r
sefyllfa yn yr Undeb. Wrth ateb y pwynt ynglŷn â
phwy sydd gan ferched ifanc Cymru i'w hedmygu ar
y cae rygbi heddi, mae'n dweud:

> The new role models are to be seen training and
> playing the game in Wales week-in and week-out.

A dyna'r cliw, 'in Wales'. Dyna ni nôl eto at y ffaith bod
cymaint ohonon ni chwaraewyr wedi bod mor anfodlon
nes i ni groesi'r ffin i chwarae i glybiau yn Lloegr, fel dw
i wedi rhoi sylw manwl iddo yn barod. Roedd hynny'n
amlwg yn dân ar groen bodau mawr byd rygbi Cymru.

Yn ystod y flwyddyn a arweiniodd at y llythyr, fi
oedd yr unig un o chwaraewyr carfan Cymru i gael ei
dewis i chwarae yn nhîm XV Gorau'r Byd mewn dwy
gêm brawf yn erbyn Seland Newydd. Fe wnaeth un
papur newydd ofyn ar y pryd, 'Is the best rugby player
in Wales a woman?' Roedd yn mynd yn ei flaen i ofyn
a fyddai unrhyw un o chwaraewyr gêm y dynion yn
cael eu dewis i chwarae i XV Gorau'r Byd? Ble ma
hynny'n ffito gyda'r ddadl oedd yn rhygnu mlaen yng
Nghymru fach tybed?

11

Y Bêl a'r Byd

OND I DROI NÔL at bethe ar y cae, does dim dwywaith bod cael fy newis ar gyfer tîm XV Gorau'r Byd yn un o uchafbwyntiau fy mywyd. Doeddwn i ddim yn disgwyl cael galwad fel honna o gwbwl, doedd dim sibrydion o flaen llaw, dim dyfalu yn y wasg na dim byd. Darryl Sua Sua gysylltodd â fi, sef hyfforddwr tîm rygbi menywod Seland Newydd, y Black Ferns. Mae e'n uchel iawn ei barch yn y wlad honno ac wedi bod yn rhan o dîm hyfforddi'r Marist Brothers Old Boys RFC, sef un o dimau Auckland, ac mae o leia un chwaraewr o'r tîm hwnnw wedi cael ei ddewis i chwarae i'r Crysau Duon bob blwyddyn am y 25 mlynedd ddiwetha. Yn eu plith mae Zinzan Brooke, Pat Lam, Doug Howlett a rhif wyth Gleision Caerdydd, Xavier Rush. Felly, hyfforddwr o safon sy'n gyfrifol am ddatblygu rygbi menywod ei wlad.

"Dw i wedi bod yn astudio y ffordd rwyt ti'n chwarae," meddai fe wrtha i, "ac wedi gweld gemau Chwe Gwlad a dy berfformiadau yng Nghwpan y Byd 1998 a DVDs o gemau eraill hefyd. Dw i'n hoffi dy chwarae yn fawr ac am dy wahodd i fod yng ngharfan tîm 15 gorau'r byd dw i'n ei roi at ei gilydd ar hyn o bryd."

Wel, 'na beth oedd sioc! Daeth yn amlwg mai 15 yn

unig roedd e'n mynd i'w dewis ac roedd chwaraewyr o Samoa oedd yn byw yn Seland Newydd ar y fainc, ynghyd ag ambell chwaraewr ifanc addawol o Seland Newydd ei hun. Doeddwn i ddim cweit yn siŵr shwd oedd ymateb ond doedd gwrthod y cais ddim hyd yn oed yn un o'r opsiynau! Fi felly oedd cefnwr XV Gorau'r Byd ar gyfer dwy gêm brawf yn erbyn Seland Newydd, mas yn Seland Newydd. Roedd hynny yn sicr yn donic.

Cafodd popeth ei drefnu ar fy rhan ac roedd manylion y daith yn dweud bod yn rhaid i fi hedfan o Heathrow i Dubai i Singapore i Sydney ac yna i Auckland. Dyna benderfynu'n syth i gymryd mis o wyliau o'r gwaith. Trwy lwc roedd digon o amser yn ddyledus i fi am sawl rheswm gwahanol a phenderfynodd Mark ddod gyda fi hefyd. Roedd yn gyfle i gael mwynhau rhywbeth oedd wedi dod yn sgil ymarfer a hyfforddi mor galed. Fe arhoson ni yn Singapore am bum diwrnod a'r ddau ohonon ni'n ymarfer gyda'n gilydd yn yr haul mas fan'na. Fe aethon ni â phêl rygbi gyda ni ac roedd defnyddio honno yn ffordd dda o ddod dros y gwahaniaeth amser ac i ddod yn gyfarwydd â'r gwres hefyd. Draw â ni wedyn i Auckland ac i ganolfan y garfan oedd mewn gwirionedd yn ddim byd mwy na gwersyll. Fe ddwedon nhw'n syth nad oedd Mark yn cael aros yna, felly bant â fe i Sydney i weld ei gefnder!

Ysgol Ramadeg Auckland oedd ein pencadlys dros gyfnod yr hyfforddi, a'r dyn oedd yn arfer bod yn athro Ymarfer Corff a Daearyddiaeth yno oedd neb llai na Graham Henry, cyn-hyfforddwr Cymru, a'r 'Great Redeemer' fel roedd yn cael ei alw. Roeddwn i felly yn aros yn yr ysgol ac yn hyfforddi ar y caeau lle bu hyfforddwr Cymru yn hyfforddi ei ddisgyblion. Mae Doug Howlett, Shane Howarth a Grant Fox i gyd yn gyn-ddisgyblion, fel y mae y dyn cynta i gyrraedd copa Everest, Syr Edmund Hillary, a'r actor Russell Crowe. Roedd yn lle da i fod felly.

Fe ddes i nabod Graham Henry yn dda pan oedd yn hyfforddwr Cymru am bo fi ar y pryd yn gweithio i Gwmni 10 ar *Y Clwb Rygbi*. O'n i'n ei weld yn aml, felly, ac yn siarad gydag e'n gyson hefyd. Yn ystod y sgyrsiau hynny roedd yn aml yn sôn am Ysgol Ramadeg Auckland. Wrth i fi eistedd yn ffreutur yr ysgol roedd y menywod oedd yn cwcan y bwyd i gyd yn ei nabod ac roedd yn grêt i gael clonc amdano yn ei hen ysgol.

Daeth diwrnod y prawf cynta. Fe es i a'r menywod eraill – o Loegr, Canada, yr Unol Daleithiau a Ffrainc – draw i'r enwog Eden Park. Ein gêm ni oedd y gêm cyn un o gemau Super 12 Auckland. Wrth i ni dwymo lan, clywais lais yn galw,

"Hi Non, how are you?"

Graham Henry! Fe oedd hyfforddwr Auckland ers iddo adael Cymru a chyn iddo fynd i hyfforddi tîm Seland Newydd. Draw â fe ata i i roi cwtsh a chusan o flaen pawb, ac fe wnaeth hynny i fi deimlo'n browd iawn mae'n rhaid dweud. Fe wnaeth e edrych ar ein gêm ni ac roedd cyfle i gael sgwrs bellach gydag e wrth i ni fwynhau cinio ar ôl y gêm gyda charfan Auckland.

Lan â ni ar gyfer yr ail brawf yn Whangarei, dinas fwya gogleddol Seland Newydd. Ble bynnag roeddwn i'n mynd yn ystod y daith roedd popeth yn dod nôl at rygbi mewn rhyw ffordd neu'i gilydd, fel arfer pa All Black oedd wedi dod o ba bynnag le roeddwn i ynddo ar y pryd. Yr All Black amlyca i ddod o Whangarei yw Ian Jones.

Un peth arall wnaeth fy nharo i mas 'na oedd y sylw gafon ni gan gyfryngau'r wlad. I ddechre roedd y ddwy gêm brawf wnaethon ni eu chwarae ar y teledu ac roedd uchafbwyntiau yn hwyrach hefyd. Dyna'r tro cynta i fi chwarae mewn gêm oedd yn fyw ar y teledu. Roedd cyfweliadau cyson gydag aelodau'r garfan. Un prynhawn, tra oeddwn mewn canolfan siopa yn Auckland, fe ddaeth mwy nag un person lan ata i a gofyn,

"Can I have your autograph, please? You're the full back for the World XV aren't you?"

Anodd credu, ond fe wnaeth e ddigwydd.

Fe gollon ni'r ddwy gêm brawf, er bod yr ail un yn agos, ond roedd yr holl brofiad yn ffantastig. Gwpwl o flynyddoedd yn ddiweddarach, ces fy newis i chwarae mewn tîm arall oedd yn cynrychioli mwy nag un gwlad. Y Nomads yw'r agosa sydd gan rygbi menywod i'r Barbariaid neu'r Llewod ac erbyn hyn dw i wedi chwarae iddyn nhw sawl gwaith. Un o'r troeon mwya bythgofiadwy i fi chwarae iddyn nhw oedd mewn dwy gêm brawf mas yn Ne'r Affrig. Roedd y gêm gynta yn cael ei chwarae yn yr enwog Ellis Park, Johannesburg, lle'r enillodd tîm dynion De'r Affrig yr ornest Cwpan y Byd sydd wedi ei hanfarwoli yn y ffilm *Invictus*. Roedd ein gêm ni yn cael ei chwarae cyn gêm brawf De'r Affrig yn erbyn yr Ariannin. Ond, yn fwy na hynny hyd yn oed – ac roedd hynny'n ddigon o beth pan wnes i ddeall mai dyna fydde'n digwydd – roedd ar achlysur pen-blwydd Nelson Mandela yn 90 oed. Roedd e yn y gêm yn edrych arnon ni'n chwarae!

Teimlad arbennig oedd bod mas ar y fath gae yn y lle cynta, un o gadeirlannau rygbi'r byd, ond wrth sefyll yno ac edrych lan i'r stand a gweld Nelson Mandela yn edrych lawr arnon ni, roedd yr holl beth yn anghredadwy!

Fe symudon ni i Cape Town ar gyfer yr ail brawf, ac i stadiwm Newlands, lle roedden ni'n chwarae cyn gêm De'r Affrig yn erbyn Seland Newydd yng nghystadleuaeth y Tair Gwlad. Roedd y rygbi'n grêt ond yn Cape Town roedd y cinio wedi'r gêm yn dipyn mwy o beth. Dyna lle roedden ni'n bwyta'n bwyd – sai'n cofio beth oedd e! – yng nghanol carfan Seland Newydd a De'r Affrig! Ble oedd dechre edrych? Dan Carter ar y chwith neu Richie McCaw ar y dde? Hollol anhygoel!

Fe enillon ni'r ddwy gêm, y gynta o 40–34 a'r ail o 29–0, ac fe wnes i sgori llwyth o bwyntiau. Dyna beth oedd sioc i weld shwd oedd y bêl yn trafaelu trwy'r awyr yn y gwres mas fan'na! Roedd pob trosiad a chic gosb yn hedfan yn bell ac yn uchel heibio'r pyst a diolch byth, y rhan fwya o'r amser, trwyddyn nhw hefyd!

Mae chwarae mewn gemau fel'na wedi bod yn brofiad cyfoethog i fi ar sawl lefel. Mae'n anrhydedd cael fy newis yn y lle cynta ac yn anrhydedd wedyn i gymryd fy lle gyda'r chwaraewyr eraill a chynrychioli Cymru. Mae'n ymestyn fy mhrofiadau ac yn dysgu lot i fi am agwedd gwahanol undebau rygbi tuag at gêm y menywod. Ond mae'n werth sôn hefyd am y profiad a ddaw wrth chwarae ochor yn ochor â menywod gorau'r byd. Dw i am enwi un yn benodol, sef Anna Richards. Hi oedd maswr tîm y Nomads mas yn Ne'r Affrig ac mae'n chwarae i Seland

Newydd yn ogystal â gweithio i undeb rygbi'r wlad. Mae'n arwres yn ei gwlad ei hun heb amheuaeth. Mae yn ei phedwardegau ac mae wedi chwarae rygbi ers blynyddoedd mawr. Mae wedi cael ei defnyddio gymaint i ddatblygu rygbi menywod Seland Newydd ac mae ei dylanwad yn amlwg ar y datblygiad hwnnw. Fe wnes i elwa cymaint wrth fod yn yr un tîm â hi. Felly hefyd y mewnwr o Loegr, y canolwr o Iwerddon ac un o chwaraewyr y rheng ôl o Awstralia.

Yr un uchafbwynt arall yn fy ngyrfa ar y cae rygbi oedd y gêm enwog rhwng Cymru a Lloegr yn 2009. Yn syml, doedden ni erioed wedi curo Lloegr yn ystod cyfnod o ddwy flynedd ar hugain o drio gwneud hynny. Ers 1987, yr ystadegau oedd chwarae 26 gêm, colli 26 gêm. Y gêm yn erbyn Lloegr yn Ffynnon Taf ar 14 Chwefror 2009 – ie, dydd San Ffolant! – oedd cap rhif 75 i fi ac felly roeddwn yn edrych ymlaen at y garreg filltir yna yn barod.

Pac Lloegr oedd eu cryfder nhw a chefnwyr cloi oedd ein cryfder ni. Felly, roedd hynny'n mynd i arwain at gêm o ddwy ffordd wahanol o chwarae gan y ddau dîm. A dyna ddigwyddodd. Ni ddechreuodd orau, gan roi cryn dipyn o bwysau ar Loegr a oedd, o bell ffordd, yn ffefrynnau i gipio teitl y Chwe Gwlad y flwyddyn honno, fel roedden nhw wedi ei wneud sawl gwaith yn y blynyddoedd cyn hynny. Wedi tair munud ar ddeg, fe wnes i gicio cic gosb i gael pwyntiau cynta'r gêm. Cais i Loegr wedyn ac roedd hi'n 3–7. Cais i ni wedyn, a'n capten Melissa Berry yn croesi'r llinell. Wrth i hanner amser agosáu, fe sgoriodd Lloegr eto ac roedd hi'n 8–12 i Loegr. Roedd hynny o leia yn agosach nag oedd y sgôr wedi bod yn erbyn Lloegr mewn sawl gêm. Droeon, ma nhw wedi rhoi stwffad i ni a ninne wedi methu sgori o gwbwl. Tybed shwd bydde'r ail hanner yn mynd felly?

Daeth cais cynnar i ni ar ôl i un o chwaraewyr Lloegr dderbyn carden felen. Aimee Young yr asgellwr groesodd ac roedden ni nawr nôl ar y blaen 13–12. Yn y munudau ola, cafodd Lloegr gic gosb a gafodd ei chicio'n llwyddiannus rhwng y pyst. 13–15 i Loegr a'r cloc yn agosáu'n gyflym at yr 80 munud. Fe daflon ni bopeth oedd ar ôl gyda ni at Loegr yn y munudau ola hynny. Ond roedd yr amser a ychwanegwyd ar gyfer anafiadau wedi croesi'r pedair munud a phob gobaith wedi diflannu. Ond, yna, troseddodd Lloegr. Cic gosb i ni a fi yn gorfod ei chymryd. Roedd pob math o bethe yn mynd trwy fy meddwl ond roedd rhaid eu cau nhw mas a chanolbwyntio ar un bêl ar y llawr o fy mlaen a dau bostyn a thrawst rai metrau i ffwrdd yn y pellter. Fe wnes i daro'r bêl ac roedd hi drosodd!

Gorfoledd llwyr oedd yr unig ymateb pan aeth y chwiban ola eiliadau'n ddiweddarach. Cymru 16, Lloegr 15! Roedd pymtheg ohonon ni a'r eilyddion a'r tîm hyfforddi yn gwbwl wallgo ac yn dawnsio fel ffyliaid ar y cae.

Chwarae teg, fe wnaeth y wasg ymateb yn arbennig a rhoi'r clod dyledus i ni. 'History makers in dreamland' yw'r pennawd sy'n crynhoi pethe orau, falle. Ac ar yr un tudalennau yn y *Western Mail* oedd yn nodi buddugoliaeth dynion Cymru yn erbyn Lloegr yr un diwrnod, roedd adroddiad ar ein gêm ni. 'Evans stays cool to earn Wales brilliant last gasp success' oedd eu pennawd nhw. Cefais fy nyfynnu'n gyson yn dweud,

> If I hadn't kicked that last penalty I would have considered retiring! I missed a few during the match but I would never have forgiven myself if I hadn't made sure of that last one.

Roedd hon yn stori Dafydd a Goliath go iawn, ac nid am i ni guro'r hen elyn Lloegr yn unig. Roedd elfen o hynny wrth gwrs – mae wastad yn neis eu curo nhw beth bynnag yw'r gamp. Ond yn fwy na hynny, ac yn fwy na'r ffaith i ni fethu eu curo o gwbwl am 22 mlynedd, roedd yn fuddugoliaeth i wlad fach heb adnoddau yn erbyn gwlad ag adnoddau anhygoel oedd wedi ennill Cwpan y Byd.

Roedd sawl papur wedi defnyddio'r frawddeg 'Non Evans notched her name into women's rugby folkore' wrth sôn am y gêm a'r gic ola 'na. Mae'n deimlad braf i ddarllen hynny, mae'n rhaid dweud, ac mae'n rhoi balchder proffesiynol a phersonol i fi.

Mae'n deimlad rhyfedd ar yr un pryd, sy'n od a dweud y gwir. Fydd dim byd yn tynnu oddi wrth y teimlad yna o fod yn rhan o hanes. Ond mae yn od bod yr un weithred yna wedi cael cymaint mwy o gyhoeddusrwydd na phethe eraill dw i wedi eu cyflawni yn y gêm. Mae'n anodd i fi eu rhestru nhw heb swno'n ymffrostgar. Ond nid dyna'r bwriad. Maen nhw'n ffeithiau ystadegol, a dyma nhw:

Fi sydd â'r nifer ucha o bwyntiau mewn gemau rhyngwladol rygbi menywod yn y byd a dw i wedi sgori mwy o geisiau nag unrhyw chwaraewr arall ym myd rygbi menywod hefyd. Ar hyn o bryd, dw i'n gydradd ar y nifer o geisiau a sgoriwyd mewn gemau rhyngwladol ag asgellwr Awstralia, David Campese, sef 64 ac mae'r ddau ohonon ni y tu ôl i Daisuke

Ohata o Japan sydd wedi sgori 69 bellach. Dw i wedi bod ar frig rhestr sgorwyr pwyntiau'r tri Chwe Gwlad diwetha. Fi hefyd sydd â'r record byd am y nifer fwya o bwyntiau wedi eu sgori mewn un gêm.

O restru'r ffeithiau hyn, mae un cwestiwn wastad yn codi yn fy meddwl, sef "Pam does neb wedi gwneud mwy o ddefnydd o hyn er mwyn marchnata rygbi menywod yng Nghymru?"

12

Gwaith Bob Dydd

"ALLA I GAEL DYDD Sadwrn bant, plîs?"

Cwestiwn digon syml ac un dw i wedi gorfod gofyn
dro ar ôl tro er mwyn gallu bod yn rhydd i chwarae.
Ac nid ar ddydd Sadwrn yn unig roeddwn i'n gofyn
y cwestiwn bob tro chwaith! Ond yn yr achos yma,
roeddwn am gael dydd Sadwrn yn rhydd. Nid un
yn benodol. Pob un. Ond y broblem oedd bo fi'n
gynhyrchydd a chyflwynydd chwaraeon Real Radio
ar y pryd! Ac roedd yna raglen oriau o hyd bob
prynhawn Sadwrn, wrth gwrs. Dim syndod i'r cais
gael ei ateb gyda gwên ddigon anghredadwy.

Y rheswm dros y cais oedd Manceinion 2002 a'r
angen i hyfforddi, ond yn fwy na hynny, i gystadlu yn
y jiwdo ar benwythnosau cyn Gemau'r Gymanwlad.
Un ateb oedd yna, felly – chwilio am waith arall.

Roedd lot o'n ffrindiau i yn gynrychiolwyr meddygol
ac roedd hynny'n sicr yn waith oedd yn apelio. Doedd
dim angen gweithio penwythnosau, roedd yn swydd 9
tan 5 yn ystod yr wythnos ac yn weddol hyblyg hefyd.
Ar ben hynny, roedd Dadi, fel doctor, wedi dweud y
bydde fe'n siwto fi. Felly, fe ddechreuais i holi. Daeth
swydd gyda chwmni Wyeth, cwmni Americanaidd
oedd yn gweithio mewn dros 80 o wledydd trwy'r
byd. Heb yn wbod mwy na thebyg, rydyn ni i gyd

yn gyfarwydd â'r cynnyrch ma nhw'n ei werthu. Nhw sy'n gyfrifol am enwau cyfarwydd fel Anadin, Centrum a ChapStick. Pan es i am y cyfweliad, roedd David Bryant ar y panel holi. Cafodd e wyth cap i Gymru ar y flaenasgell pan oedd e gyda thîm Pen-y-bont ar Ogwr. Dechre da a drodd yn well pan ges i'r swydd. David Bryant oedd fy rheolwr yn fy swydd newydd. Oherwydd y newid amgylchiadau, roeddwn felly'n gallu cymryd rhan yn y cystadlaethau jiwdo oedd yn cael eu cynnal ar benwythnosau fel arfer. Roedd yn drueni mawr gadael Real Radio am bo fi'n mwynhau'r gwaith gymaint. Ond roedd rhaid creu patrwm gwaith oedd yn siwto'r chwaraeon yn well.

Gadewais i'r cwmni 'na am swydd yn uwch gyda chwmni fferyllol arall, Eli Lilly. Doeddwn i ddim gyda nhw am sbel, llai na blwyddyn, cyn i fi drio am swydd nôl gyda Wyeth. Nôl â fi felly atyn nhw ar adeg pan gafon nhw eu prynu gan gwmni fferyllol mwya'r byd, Pfizer. Fe dalon nhw 78 biliwn o ddoleri am Wyeth! Y peth cynta glywes i am y cynlluniau i brynu'r cwmni roeddwn i'n gweithio iddyn nhw oedd galwad gan ffrind oedd yn gwylio sianel newyddion fasnachol ac ariannol Bloomberg.

"Tro'r teledu at Bloomberg nawr!" medde fe yn ddigon cyffrous.

Pan wnes i hynny, y brif stori oedd bod Pfizer am brynu Wyeth. Fe gymerodd yr holl broses dros flwyddyn i gwblhau, cyfnod hir o ansicrwydd ynglŷn â phwy fydde'n mynd a beth fydde'n newid. Roedd yn gyfnod o bwysau a *stress* mawr a dweud y gwir, yn enwedig a finne wedi gadael y cwmni unwaith a newydd fynd nôl. Ond fe gadwes i'n swydd, diolch byth, a dw i'n dal i weithio i Pfizer. Falle mai'r peth enwoca ma nhw'n gyfrifol amdano yw Viagra. Ond nid dyna beth dw i'n gyfrifol am ei werthu yn fy ngwaith bob dydd! Yn hytrach, dw i'n gyfrifol am Enbrel, sy'n cael ei nabod fel Etanercept hefyd. Mae'n gyffur ar gyfer *rheumatoid arthritis, psoriatic arthritis* a *psoriasis*. Chwistrelliad yw e ar gyfer yr afiechydon hynny. Yn naturiol ddigon, felly, mae fy ngwaith yn mynd â fi o gwmpas ardal eang o dde Cymru i ymweld ag ysbytai a meddygfeydd diddiwedd.

Y pwysau nawr oedd profi fy hun gyda chwmni newydd. Ym mis Ionawr, cynhaliwyd cynhadledd y cwmni yn Barcelona. Dyna'r tro cynta i ni gyn-weithwyr Wyeth fynd ar rywbeth yn enw'r perchnogion newydd. Wedi cyrraedd yno, 'na beth oedd sioc! Roedd dros fil o bobol yno – pob un yn gwneud yr un gwaith â fi dros Brydain. Fe gafon ni ein sbwylio go iawn o ran y gwestai a'r cyfleusterau oedd wedi eu darparu ar ein cyfer.

Ar ôl dyddie o weithdai a sesiynau gwaith, roedd cinio gwobrwyo ar y nos Iau. Noson ffurfiol tu hwnt oedd hon mewn palas uwchben dinas Barcelona. Doedd dim prinder siampên ac roedd yn braf cael cyfle i wisgo lan yn iawn! Roedd fy argraffiadau cynta o Pfizer yn rhai ffafriol iawn. Ddiwedd y noson, a phawb wedi dechre mwynhau digon i ddechre gadael fynd, roedd hi'n amser i'r cwmni gyhoeddi pwy oedd wedi ennill y gwahanol wobrau. Roedd yr un oedd wedi gwerthu'r mwya o Viagra yn cael gwobr, ac yn y blaen ar gyfer pob un o gynnyrch y cwmni. Roedden nhw'n cyhoeddi enw'r ail a'r trydydd hefyd. Daeth y cyhoeddiad nesa.

"The prize for sales of Enbrel... goes to... Non Evans!"

Doedd dim syniad 'da fi bod hynny'n mynd i ddigwydd! Doedden nhw ddim wedi cyhoeddi'r ffigyrau gwerthiant ar gyfer y chwarter blaenorol yn fwriadol. O flaen stafell â dros fil o bobol ynddi, roedd yn rhaid i fi gerdded lan i'r llwyfan i gyfeiliant y band a sŵn a gole ychwanegol y tân gwyllt syfrdanol.

"Congratulations, Non!" medde'r Llywydd. "You're the top sales rep in the UK!"

Y wobr oedd trip i Dubrovnik â'r cwmni'n talu am bopeth yn ogystal ag arian gwario a char i gwrdd â fi ar ôl cyrraedd yno. Roeddwn wedi ennill gwobr debyg gyda chwmni Wyeth rai blynyddoedd ynghynt. Yn bwysicach na'r wobr ffantastig, dyma'r dechre gorau posib i fi gyda'r cwmni newydd. Roeddwn yn dechre fel *No.1 Rep* a dyna'r argraff gynta wnaethon nhw ei chael ohona i. Dechreuais ar y gwaelod wrth ymuno â'r proffesiwn ac roedd wedi cymryd tair blynedd o waith caled i gyrraedd rhif 1.

Ond es i ddim i Dubrovnik. Roedd yn rhaid i fi wrthod am fod Pencampwriaethau Reslo Prydain ar yr union adeg roedd y cwmni wedi trefnu i fi fynd. Ond fe ges i dalebau amrywiol yn lle'r daith, felly wnes i ddim colli mas yn llwyr!

Tra bo fi'n paratoi ar gyfer Cwpan y Byd a Gemau'r Gymanwlad – a tra bod fy mhen-glin yn dal i wella – roedd yn rhaid mynd i Lundain. Roedd gan Pfizer ystod o gynnyrch newydd ac roedd y *reps* i gyd wedi cael gwahoddiad i fynd i Lundain ar gyfer gweithdai am y cyffuriau. Y dasg oedd cael hyn a hyn o amser i ddeall popeth am y cyffuriau hyn ac yna gwneud cyflwyniad i ddoctoriaid amrywiol. Ar ben hyn, roedd y cyflwyniad yn cael ei recordio ar fideo. Gyda'r nos wedyn, lawr â phob un ohonon ni ar gyfer taith mewn cwch ar yr Afon Tafwys gyda bwyd a diod wedi eu darparu ar ein cyfer.

Unwaith eto, yn annisgwyl, galwyd pawb at ei gilydd i gyhoeddi pwy oedd wedi ennill tasg y dydd. Ces fwy o sioc fyth wrth glywed mai fi oedd wedi ennill! Felly, dyna ddwy wobr gyda chwmni Pfizer mewn amser byr, a dw i'n falch iawn o hynny. Gobeithio y bydda i'n llwyddo i gynnal y safon!

Wrth gwrs bod y pethe hyn yn bwysig i fi'n bersonol ac yn broffesiynol. Ond hefyd mae'n golygu lot fawr i fi nad yw'r gwaith yn diodde oherwydd yr holl chwaraeon dw i'n eu gwneud a'r holl ymarfer a'r cystadlu sy'n digwydd yn enw rygbi, jiwdo, reslo a chodi pwysau. Mae'r gefnogaeth dw i wedi ei chael wedi bod – ac yn dal i fod – yn anhygoel. Fydde hi ddim yn bosib i fi gystadlu ar y lefel hon heb gefnogaeth y rhai sy'n talu cyflog i fi. Dw i'n lwcus hefyd bo fi mewn diwydiant sydd â gwerthoedd tebyg i chwaraeon. Rhaid gweithio'n galed, profi'ch hun. Mae'r gwobrau'n dilyn os ydych wedi cyrraedd y targedau angenrheidiol.

13

Yr Anaf Gwaetha Erioed

SARDIS ROAD, PONTYPRIDD AR noswaith oer iawn ym mis Mawrth 2006. Dyna leoliad drama fwya fy ngyrfa. Pan symudais i o Wyeth roeddwn gydag Eli Lilly am tua blwyddyn. Ond wnes i weithio iddyn nhw am lai na chwe mis. Pam? Am i fi fod bant o'r gwaith gyda'r anaf gwaetha ges i erioed mewn unrhyw gamp.

Gêm rhwng Cymru a Ffrainc oedd hi ym Mhencampwriaeth y Chwe Gwlad. Doedden ni erioed wedi curo Ffrainc, felly roedd tipyn o dasg o'n blaenau ni. Dyma gêm ola'r Bencampwriaeth am y flwyddyn honno. Dim ond un gêm roedden ni wedi ei cholli, y gêm gynta yn erbyn Lloegr. Roedd gêm y menywod newydd ddod o dan adain Undeb Rygbi Cymru ac am ryw reswm fe wnaethon nhw gytuno y byddai Gwesty'r Vale, Bro Morgannwg, yn bencadlys i ni. Cafodd pob un ohonon ni stafell yr un am ddwy noson, nos Wener ar ôl y gêm ac yna'r nos Sadwrn, am fod noson mas wedi ei threfnu i ddathlu diwedd y Bencampwriaeth. Roedd hynny'n beth newydd! Doedd e erioed wedi digwydd cyn hynny – a dyw e fyth wedi digwydd ers hynny chwaith!

Am ryw reswm, y diwrnod hwnnw roedd yr hyfforddwyr newydd, Felice Coetzee a Jason Lewis, ond Felice yn benodol, ishe fy rhoi i ar yr asgell yn lle yn fy safle arferol fel cefnwr. Doeddwn i erioed wedi chwarae yno o'r blaen dros Gymru. Cyn y gêm honno, roedd e'n dymor grêt i fi ac roeddwn yn llawn hyder ac yn barod i gymryd sialens safle newydd.

Ar ôl tua 25 munud o'r gêm, roedd hi'n weddol agos a Ffrainc ond rhyw damed bach ar y blaen. Daeth y bêl at Naomi Thomas, ein maswr ni, y tu ôl i'n llinell gais ni ein hunain. Ciciodd y bêl lawr y cae, ond roedd yn amlwg nad oedd yn mynd i groesi'r ystlys a mynd mas o'r chwarae. Bant â fi ar hyd yr asgell ar ôl y bêl felly. Roedd rhif 8 Ffrainc nôl yn amddiffyn. Cyrhaeddodd y ddwy ohonon ni'r bêl tua'r un pryd. Fe es i i'w chicio ymhellach lawr y cae tuag at linell gais Ffrainc. Wrth i fi wneud hynny, fe gwmpodd hi ar y bêl er mwyn fy rhwystro rhag ei chicio. Ond doedd yr amseru ddim yn dda. Yn lle cwmpo ar y bêl, fe gwmpodd ar fy nghoes i a'r bêl yr un pryd. Daeth pwysau llawn un o flaenwyr Ffrainc lawr ar fy nghoes dde i.

Roedd sŵn erchyll asgwrn yn torri i'w glywed yn eco ar draws y cae. Alla i ddim disgrifio'r boen ond roedd edrych lawr a gweld rhan waelod fy nghoes wedi plygu yn ei hanner yn waeth byth. Dechreuais i sgrechen gymaint ag y gallwn i oherwydd y boen a'r sioc. Mae'n siŵr iddyn nhw fy nghlywed lan ym mhen ucha'r Rhondda! Cydiais yn y goes a oedd yn ei hanner er mwyn trio ei gwneud yn syth eto. Fe wnes i ei dal am beth amser. Dyna oedd yr ergyd fwya i fi, gweld y goes yn y fath siâp.

Pan gododd rhif 8 Ffrainc, rhoddodd ei phen yn ei dwylo yn syth a throi ei chefn arna i am nad oedd yn gallu stumogi gweld yr anaf. Daeth y dyfarnwr draw a throi bant ar ôl gweld y goes hefyd, ac yna fe wnaeth y llumanwr yn union yr un peth! Roedd yn rhy erchyll i unrhyw un aros wrth fy ochor am yn hir. Ond, yn raddol, fe ddechreuodd pobol gasglu o 'nghwmpas i. Ar luniau'r BBC, oedd yno i recordio'r gêm, gallwch weld hynny'n blaen. Y cae yn wag a grŵp o bobol wedi casglu mewn un cornel o flaen y stand o'm hamgylch i. Chwarae teg i'r BBC, nid yn unig fe wnaethon nhw ddal ati i recordio wrth i fi orwedd wrth ochor y cae ond fe ges i DVD o'r holl beth ganddyn nhw hefyd! Roedd môr o sŵn yn troi rownd a rownd fy mhen a finne'n dal i sgrechen drwy'r cyfan. Gallwn glywed ambell frawddeg nawr ac yn y man trwy'r holl ddryswch.

"Non, stop screaming, you're not going to die!"

Geiriau Rhian Williams, canolwr tîm Cymru oedd yn ddoctor hefyd. Cydiodd yn fy mhen a'i ddal. Draw hefyd ddaeth Estelle Sartini, capten tîm Ffrainc. Roedden ni wedi chwarae gyda'n gilydd yn nhîm XV Gorau'r Byd. Roedd hi'n fy nghysuro. Roedd fy mrawd Owain yn edrych ar y gêm a daeth yntau i lawr ataf, fel y gwnaeth Mark.

Cydiodd Sian, *physio* tîm Cymru, yn fy nghoes a'i dal.

"I'll do this to stop the clunking," medde hi.

Bob tro roeddwn yn trio symud i siâp mwy cyfforddus, roedd hanner gwaelod fy nghoes jest yn siglo'n rhydd ar ei ben ei hun ac yn taro'r llawr. Wedi peth amser roedd pwyslais mawr wedyn ar fy nghadw i'n dwym gan ei bod yn noson mor oer beth bynnag a bod y sioc wedi cydio yndda i go iawn. Cyn hir, roedd cramp wedi dechre cydio hefyd oherwydd y ffordd yr oeddwn yn gorwedd. Wedyn, roedd cramp ar Sian am ei bod yn aros yn yr un man mor hir yn diogelu fy nghoes.

Diolch byth i'r BBC ddal ati i recordio am fod cofnod wedyn ar gael o'r amser a aeth heibio cyn i'r ambiwlans gyrraedd. Er gwaetha ffonio di-baid gan sawl person, doedd dim sôn am ambiwlans chwarter awr wedi'r anaf. Nac ugain munud yn ddiweddarach chwaith. Na hanner awr. Doedd dim Ambiwlans Sant Ioan yno o gwbwl. Er ei bod yn gêm ryngwladol, doedd Undeb Rygbi Cymru ddim yn gweld pwysigrwydd darparu gwasanaeth o'r fath. Does dim angen dweud na fydden nhw'n breuddwydio peidio â chael darpariaeth iawn ar gyfer gêm ryngwladol i ddynion. Aeth deugain munud heibio a doedd dim sôn am ambiwlans. Roedd yn gyfnod ofnadwy o hir i orwedd ar gae oer â fy nghoes yn ei hanner.

"Can someone please knock me out?" oedd fy nghwestiwn cyson er mwyn trio dod â'r diodde i ben.

Roedd y chwaraewyr eraill wedi mynd nôl i'r stafell wisgo erbyn hyn. Ar ôl tri chwarter awr daeth y *fast response team*! Fe aethon nhw ati i ddelio gyda'r boen gynta a rhoi 2mg o forffin i fi.

"For god's sake, can't you give the maximum 10mg?" medde fy mrawd, oedd erbyn hynny wedi pasio i fod yn ddoctor.

Awr wedi'r anaf, daeth yr ambiwlans go iawn. Y dasg wedyn, wrth gwrs, oedd rhoi fy nghoes mewn splint a fy nghario'n saff o'r cae i'r ambiwlans. Cymerodd hynny oesoedd. Roedd Jo Melen yn cerdded wrth fy ochor ar y troli gydag Owain a Mark. Roeddwn wedi bod yn gwneud jiwdo gyda hi ers blynyddoedd.

"Don't worry, you'll be back, you'll be back!" medde hi.

Dyna pryd y dechreuais i lefen yn ddi-stop. Trwy'r

morffin, roedd oblygiadau'r anaf yn dechre gwawrio arna i. Ond cyn meddwl lot mwy, roeddwn yn Ysbyty Brenhinol Morgannwg. Wedi cael pelydr-x, roeddwn yn clywed y doctor yn dweud wrtha i ei fod am drio sythu'r goes. Cyn i mi gael cyfle i ateb yn iawn roedd wedi cydio yn y goes a dechre ei sythu gyda'i ddwylo yn y fan a'r lle!

Roedd fy rhieni wedi cyrraedd yr ysbyty erbyn hynny a dyna i gyd roedden nhw, Owain a Mark yn gallu clywed oedd fy sgrechiadau poenus i ar hyd y coridor am dros ddeng munud. Dangosodd y pelydr-x bod y goes mewn gwirionedd wedi mynd yn ôl i'w lle i raddau helaeth. Felly, ymlaen â'r plastr a mewn â fi i'r ward.

Yn fy ngwely ar y ward fe welais fod neges destun wedi cyrraedd. Roedd y gêm wedi mynd yn ei blaen ar Heol Sardis a Chymru wedi curo Ffrainc am y tro cynta erioed! Daeth mwy o ddagrau, ond rhai hapus y tro hwn. Mewn dim amser, roedd gweddill carfan tîm menywod Cymru yn cerdded i mewn i'r ward i 'ngweld i! Alla i ddim dweud faint oedd hynny'n golygu i fi, yn enwedig o ystyried bod y gêm wedi cael ei gohirio am dros awr a doedden nhw ddim wedi cwpla chwarae tan tua hanner awr wedi deg y nos.

Fore trannoeth, roedden nhw'n fodlon i fi fynd gartre. Tra oeddwn yn fy ngwely fy hun, a'r chwydd wedi dechre mynd lawr, fe glywais fy nghoes yn symud yn rhydd y tu mewn i'r plastr. Roedd y boen yn ofnadw. Roedd y meddyg ymgynghorol Peter Evans wedi dweud wrtha i am fynd nôl os oedd unrhyw broblem. Felly, ar ôl rhai dyddie o glywed y goes y tu mewn i'r plastr, roedd yn rhaid mynd nôl ato. Ei benderfyniad oedd rhoi fy nghoes mewn plastr mwy tyn. Dangosodd pelydr-x arall bod y goes yn dal yn bishys.

Roedd sawl opsiwn ar gael: rhoi plât yn y goes, rhoi hoelion yn y goes neu gallen i gael sefydlogydd allanol – *fixator*. Doedd dim prinder cysylltiadau 'da fi yn y byd meddygol. Felly, ar y ffôn â fi i ofyn cyngor gan gymaint o ddoctoriaid ag y gallen i!

Daeth un neges glir drwy'r holl drafod meddygol yma hefyd. Fy nghael i nôl i gerdded yn iawn oedd y flaenoriaeth. Gallen i anghofio am redeg a chwarae rygbi. Roeddwn i'n deall y geiriau, ond doeddwn i ddim am dderbyn eu hystyr. Wnes i ddim ystyried y peth yn fanwl o gwbwl a nôl i gefn y meddwl â'r geiriau yn syth. Ond o bryd i'w gilydd, roedden nhw'n dod nôl i godi ofn arna i.

Wedi pwyso a mesur, penderfynais gael y sefydlogydd. Y funud ma fe'n cael ei ddatgysylltu o'r goes, dyna ni. Does dim metel, hoelion na phlatiau yn dal tu mewn i'r goes. Roedd honno'n fantais fawr. Fydden i ddim yn gallu rhedeg yn iawn am hyd at ddwy flynedd gyda'r hoelion yn fy nghoes, felly doedd hynny ddim yn opsiwn o gwbwl. Er y byddai'r sefydlogydd, sef caets ar olwynion o amgylch fy nghoes, yn boendod, dyna oedd i fod.

Cafodd chwe *rod* metel eu rhoi i mewn trwy fy nghroen at yr asgwrn. Roedd y caets wedyn yn cael ei gysylltu atyn nhw. Roeddwn yn mynd nôl at Peter Evans bob rhyw dair wythnos am belydr-x i weld sut roedd y goes yn gwella. Ar ôl pedwar mis, doedd dim gwelliant o gwbwl. Roedd popeth yn union fel yr oedd. Penderfynodd dynnu'r sefydlogydd a rhoi fy nghoes nôl mewn plastr. Wedi rhai dyddie o gerdded o gwmpas ar y plastr yma, teimlais lwmpyn fel pêl golff ar ochor fy nghoes. Yr asgwrn oedd e, yn stico mas ac yn gwthio yn erbyn y croen. Roedd y pelydr-x nesa yn dangos bod fy asgwrn yn plygu hyd at 17 gradd.

Tra bo fi yng Ngwesty'r Vale un dydd, lle o'n i'n mynd yn ddyddiol er mwyn defnyddio'r gampfa hyd yn oed ar ôl torri fy nghoes, cefais alwad ffôn gan Peter Evans. Cynigiodd yr opsiynau i fi unwaith eto, yr un rhai wnes i eu hystyried yn y lle cynta. Ond roedd un opsiwn newydd. Roedd yn ystyried fy anfon at Rhidian Morgan-Jones, arbenigwr ar anafiadau difrifol i'r goes yn Ysbyty'r Brifysgol, Caerdydd. Fe yw'r unig arbenigwr yng Nghymru sy'n gallu cyflawni'r driniaeth oedd ei hangen arnaf. Doedd dim dewis mewn gwirionedd a draw â fi i weld Rhidian Morgan-Jones.

Ei benderfyniad oedd rhoi sefydlogydd arall ar fy nghoes, un yr oedd modd ei addasu. Roedd llawdriniaeth o fy mlaen unwaith eto, felly, a chyn hir fe wnes i ddeffro mewn gwely ysbyty unwaith eto gyda sefydlogydd yn sownd i fi. Y tro hwn, roedd y *rods* yn mynd trwy fy nghoes mewn ffordd wahanol gan nad oedd yn bosib defnyddio'r un tyllau â'r sefydlogydd cynta. Roedd yr ail dipyn gwell na'r un cynta, yn fwy hyblyg, ac roedd modd ei addasu'n well i sut yr oedd y goes yn gwella.

Fe fyddai, wrth gwrs, wedi bod lot yn well petawn wedi mynd at Rhidian Morgan-Jones yn y lle cynta yn lle gorfod colli misoedd heb driniaeth addas. Fe wnaeth Peter Evans ei orau glas, dw i'n gwbod. Ond natur y system oedd penderfynu mai dyn oedd yn arbenigo ar anafiadau'r llaw a'r garddwrn oedd wedi fy ngweld pan es mewn i'r ysbyty gynta ar ôl torri fy nghoes. Ers hynny, os ydw i wedi gorfod cael triniaeth o unrhyw fath, dw i'n gofyn i'r doctor sydd wedi dod i fy ngweld beth yw ei arbenigedd.

Wedi setlo ar y driniaeth iawn, doedd dim sicrwydd o hyd y bydde hi'n gweithio. Bues i ar y sefydlogydd am dri mis a, diolch byth, roedd yr asgwrn yn gwella. Y cam nesa oedd cael y sefydlogydd bant o'r goes a rhoi plastr arall arni hi, un oedd yn golygu y gallen i gerdded arni hi rywfaint gyda help ffyn. Fethais i gerdded o ddiwrnod yr anaf ym mis Mawrth tan o leia'r Nadolig y flwyddyn honno.

Dysgu cerdded eto oedd y dasg nesa i fi, ac er mwyn datblygu'r nerth yng nghyhyrau'r coesau fe gerddes i lan mynydd y Garth ym Mhentyrch bob dydd. Roedd hynny hefyd, wrth gwrs, yn cryfhau'r ffitrwydd yn gyffredinol. Wedyn fe wnes i weithio ar ddechre rhedeg eto ac yna gweithio ar ddod nôl yn ffit fel yr oeddwn i cyn yr anaf.

Dyna'r gwella corfforol o leia. Ond roedd yn rhaid delio gyda seicoleg anaf hirdymor hefyd. Roedd hynny'n fwy anodd o lawer ar adegau na delio gyda choes mewn sefydlogydd. Fe es i weld seicolegydd chwaraeon ac roedd y sesiynau siarad gyda hi yn werthfawr o ran cael cyfle i ddweud beth oedd fy nheimladau. Fe danlinellodd hi bwysigrwydd rhoi trefn ar fy niwrnod. Bob dydd yn y blynyddoedd cyn hynny, roeddwn i wedi gweithio i batrwm hyfforddi a ffitrwydd penodol a manwl gyda phob awr o'r dydd wedi ei threfnu a'i llenwi'n ofalus. Roedd fy ngwaith hefyd, wrth gwrs, yn batrwm sefydlog. Nawr roedd hynny hefyd i gyd wedi chwalu. Doedd dim ffocws i fy mywyd, doedd dim strwythur. Roedd fel petai pob peth wedi mynd ar chwâl.

Ar y dechre, y cwestiwn cyson i fi ofyn bob tro wrth weld yr arbenigwr oedd "Pryd galla i chwarae rygbi eto?" Dyna'r feddylfryd. Dyna'r agwedd i rywun sydd yn byw er mwyn chwaraeon fel ydw i. Ond wrth i'r wythnosau fynd yn eu blaenau heb unrhyw arwydd o wella, roedd yn anodd iawn delio â hynny. Roeddwn yn isel fy ysbryd, yn llefen ar adegau heb reswm amlwg. Trodd y cwestiwn ynglŷn â mynd nôl at rygbi cyn hir yn gwestiwn mwy elfennol: "Ydw i'n mynd i wella?" Roedd hyn yn arwydd o newid agwedd feddyliol – roedd pethe wedi gwaethygu. Roeddwn yn fwy ansicr ohonof fy hun nag erioed o'r blaen. Mae teimlo fel'na'n gallu gwneud i chi amau pethe ynglŷn â'ch personoliaeth nad ydych chi wedi eu hamau erioed o'r blaen.

Roedd y cyngor i lenwi fy amser yn un da. Roeddwn yn trefnu cwrdd â phobol am goffi. Fe es i nôl at fy niddordeb cynnar mewn arlunio a phaentio cyfres o gardiau Nadolig amrywiol mewn dyfrlliw. Wnes i hyd yn oed droi at gwcan a gwneud llwyth o *muffins*!

Rhedodd y budd-dâl mas hefyd ar ôl sbel ac roedd yn rhaid meddwl am arian. Fe dries i am y swydd nôl gyda Wyeth a mynd i'r cyfweliad gyda fy nghoes yn y sefydlogydd. Diolch byth, fe ges i'r swydd ac roedd hynny'n eitha hwb i'r hyder. Am wythnosau, roeddwn yn mynd o un adran rhiwmatoleg mewn ysbyty i un arall mewn siwt smart ac ar ffyn a phawb yn meddwl mai fi oedd y claf nid y *rep*!

Erbyn y mis Mawrth canlynol roeddwn mewn sefyllfa i chwarae hanner gêm i fy nghlwb. Roedd Felice Coetzee, hyfforddwr Cymru, yn y gêm honno ac er mawr syndod i fi fe ddewisodd fi i chwarae yng ngêm nesa Cymru. O edrych nôl nawr, fe es i nôl yn rhy gynnar a dweud y gwir, ond roedd yn deimlad braf cael gwisgo crys Cymru eto, flwyddyn union wedi'r anaf. Y gwrthwynebwyr? Ffrainc unwaith eto! Fe ddes i mlaen o'r fainc ar gyfer yr ail hanner – yr unig dro i fi beidio â dechre gêm ryngwladol mas o'r 87 gêm dw i wedi eu chwarae.

Er i fi chwarae yn erbyn Ffrainc, ac yna yr Eidal a Lloegr, wnes i ddim canolbwyntio ar wella'r goes a'r ffitrwydd go iawn tan yr haf hwnnw. Dyna pryd es i ati o ddifri i gael fy hun nôl i'r lefel o ffitrwydd dw i'n hapus â hi. Y tymor canlynol, roedd tîm Cymru yn chwarae yn arbennig o dda. Dyna'r tymor y gwnaethon ni bron ag ennill y Chwe Gwlad, gan ddod yn ail, a dyna'r tymor wnaethon ni guro Lloegr am y tro cynta erioed. Enillais i wobr Chwaraewr y Flwyddyn hefyd. Ond y boddhad mwya oedd i fi gicio'r gic ddramatig yn y munudau ola i guro Lloegr gyda'r goes a oedd, rai misoedd ynghynt, yn ei hanner!

14

Cwpan y Byd

DIOLCH BYTH, DES I dros yr anaf. Na, nid yr un 'da'r goes dw i'n sôn amdano nawr, ond yr un ddechreuodd y stori 'ma nôl yn y bennod gynta! Gwellodd y penglin yn ddigon i fi allu mynd i Gwpan y Byd 2010 lan yn Llundain. Tipyn o ryddhad oedd gallu ymuno â'r merched eraill a pharatoi ar gyfer prif gystadleuaeth rygbi menywod y byd. Dymuniad calon pob un sy'n chwarae unrhyw gamp neu'i gilydd yw cael cyfle i gystadlu ar y lefel ucha bosib, ac fe ges i wneud hynny diolch byth.

Ond os oedd y rhyddhad o gael chwarae yn deimlad amlwg, nid oedd bod nôl yng nghanol diflastod y ffordd roedd ein tîm yn cael ei baratoi ar gyfer Cwpan y Byd yn rhoi cymaint o foddhad. Y chwaraewr sydd â'r nifer fwya o gapiau i Gymru yw Louise Rickard. Fel arfer mae'n chwarae ar yr asgell, neu fel canolwr ar achlysuron prin. Yn wreiddiol, ni chafodd ei henwi yn y 23 ar gyfer carfan Cwpan y Byd. Yn hytrach, roedd hi yn un o saith o chwaraewyr oedd yn gorfod cystadlu ar gyfer y tri lle ola fyddai'n ffurfio'r garfan o 26. Ar yr un pryd, roedd Lloegr a gwledydd eraill lle mae'r gêm yn cael ei threfnu yn fwy proffesiynol wedi dewis eu carfan nhw o 26 yn syth, yn yr un ffordd ag y dyle pethe gael eu gwneud.

I wneud pethe'n waeth, cafodd Louise ei dewis yn y diwedd ond yn yr ail reng! Roedd Louise wedi cynnig llenwi bwlch yn yr ail reng a dw i'n deall pam iddi wneud hynny. Nid pigo arni hi ydw i felly. Ond beth sy'n mynd trwy fy meddwl i yw ble oedd y chwaraewyr ail reng? Un ateb syml, roedd dwy ohonyn nhw wedi gadael y garfan ar ôl y Chwe Gwlad wedi iddynt ddiflasu. Roedden nhw ar y fainc ar gyfer gêm yr Eidal ond ddaeth dim un o'r saith eilydd ymlaen o gwbwl yn ystod y gêm. Am eu bod nhw'n cymryd eu gêm o ddifri, gofynnodd rhai i'r hyfforddwr Jason Lewis pam na chawson nhw chwarae.

"My best 15 are on the pitch," medde fe, "and I wanted them to learn the lesson of losing."

Yn naturiol ddigon, doedd neb yn gallu credu'r fath resymeg! Pwy sy'n hyfforddi tîm i golli? Bant â phedair o'r merched, felly, ac roedd dwy ohonyn nhw'n chwarae i Saraseniaid Llundain ar y lefel clwb ucha. Does dim digon o sylw wedi bod i ddatblygu chwaraewyr ail reng yn benodol yn lle'r rhai profiadol. Fydde hynny byth yn digwydd unrhyw le ar wahân i wledydd ble mae'r gêm yn gymharol newydd – ac yn bendant ddim mewn gwlad sydd wedi bod yn chwarae gemau rhyngwladol ers 1987.

Gan roi hynny tu cefn i fi, roedd yn rhaid troi'r meddwl at y gemau oedd yn ein hwynebu. Roedd rheina yn sicr yn ddigon i dynnu sylw bant o unrhyw wleidyddiaeth oddi ar y cae! Yn ein grŵp ni roedd Seland Newydd, De'r Affrig ac Awstralia. Grêt! Dim lot o gysur fan'na! Mae gallu Seland Newydd ac Awstralia yn ddigon amlwg ers blynyddoedd yn gêm y menywod. Ond dyw'r un peth ddim yn wir am Dde'r Affrig. Ers i fi fod mas 'na gyda'r Nomads, mae gêm y menywod wedi datblygu'n sylweddol. Maen nhw wedi cael cefnogaeth a buddsoddiad o ddifri, ac er mai rhif 12 oedd eu safle ymhlith y dwsin o wledydd fyddai yng Nghwpan y Byd, a ninne'n chweched, doedd hynny ddim yn adlewyrchu'r ffordd roedden nhw wedi bod yn chwarae ac wedi datblygu ers sicrhau eu lle yng Nghwpan y Byd. Doedd y tair gwlad yn ein grŵp ni ddim wedi chwarae llawer o rygbi rhyngwladol yn ddiweddar. Felly, roedden nhw wedi cael eu gosod yn y *rankings* yn unol â lle y gorffennon nhw yn y Cwpan y Byd diwetha, bedair blynedd yn ôl. Seland Newydd oedd ar frig y *rankings* er mai Lloegr enillodd Gwpan y Byd y tro diwetha. Dryswch eto.

Ond, daeth y dydd, a lan â fi i Lundain i aros gyda'r tîm ac i baratoi ar gyfer cystadleuaeth roeddwn wedi bod yn aros yn hir iawn i fod yn rhan ohoni, a phan gyrhaeddodd y flwyddyn i'w chynnal roedd yn edrych yn fwy na thebygol na fyddwn yn ffit i chwarae ynddi.

Dechre cynnar iawn oedd hi ar y diwrnod aethon ni lan i Lundain. Yn gynta, cwrdd am chwarter wedi wyth yng Ngwesty'r Vale er mwyn cael tynnu lluniau a gwneud cyfweliadau amrywiol gyda'r wasg. Daeth Roger Lewis o Undeb Rygbi Cymru yno hefyd i ddymuno'n dda i ni. Lan â ni wedyn i'n pencadlys yn Surrey Sports Park, Kingston. Aeth y rhan fwya o'r tîm ar y bws ond fe wnes i ddreifo am fod cyfarfod gwaith gyda fi yn Llundain ar y diwrnod ar ôl i Gwpan y Byd orffen. Ar wahân i deimlo fel bod nôl yn y coleg, oherwydd natur y campws a'r stafelloedd lle roedden ni'n aros, doedd dim prinder adnoddau. Fe es i â hanner fy nghartre gyda fi hefyd ond roeddwn i'n dal i hiraethu o'r funud cyrhaeddais i bron. Er cymaint dw i wedi teithio i wledydd gwahanol trwy'r byd, dw i wastad yn hiraethu am adre. Mae'n gallu bod yn deimlad cryf sy'n para am beth amser. Dw i'n dod i delerau gyda fe ac yn llwyddo i'w reoli. Ond anaml iawn ma fe'n diflannu'n llwyr. Roedd fy stafell drws nesa i'r gegin ac roedd sŵn yn bach o broblem ond roedd plygiau clust 'da fi rhag ofn!

Roedd yn hyfryd i gwrdd ag Anna Richards ar y diwrnod cynta. Mae'r fenyw yn anhygoel. Mae'n 45 mlwydd oed ac yn dal i chwarae i Seland Newydd yn ogystal â bod yn ddylanwad mawr ar y gêm yn ei gwlad. Roedd hi gyda Hannah Myers. Wnes i chwarae gyda Hannah yng nghystadleuaeth saith bob ochor Dubai ac mae hi nawr yn rheolwraig tîm Seland Newydd.

Fe ddaeth hi rywfaint yn haws delio gyda'r teimlad o ishe bod gartre ar yr ail ddiwrnod. Roedd sesiynau ymarfer i ddechre, dwy gyda'r garfan ac fe wnes i un ar fy mhen fy hun yn y gampfa. Roedd hynny o leia yn help i sefydlu patrwm a strwythur i'r diwrnod ac roedd yn rhoi i fi'r teimlad bo fi wedi gweithio'n galed y diwrnod hwnnw. Dyna pryd y cafodd y tîm ar gyfer y gêm gynta yn erbyn Awstralia ei gyhoeddi hefyd. Wrth ddweud iddo gael ei gyhoeddi, dydw i ddim yn golygu cael ei gyhoeddi yn y fford arferol chwaith. Yn lle ein galw ni i gyd at ein gilydd a darllen yr enwau yn uchel, yn ôl yr arfer, fe wnaethon nhw roi enwau'r tîm ar ddarn o bapur a rhoi'r rhestr ar wal pob cegin yn y fflatiau lle'r oedden ni'n aros. Doedd dim dal, felly, pryd oeddech chi'n gweld y rhestr ac roedd rhai wedi ei gweld sbel cyn fi. Rhyddhad mawr oedd gweld mai chwarae yn safle'r cefnwr fyddwn i yn y gêm. Oherwydd yr anaf, roeddwn wedi colli'r tair gêm baratoi cyn Cwpan y Byd a heb chwarae ers peth amser. Ac er bo fi'n gwbod mai fi yw'r dewis cynta fel arfer, ac er y capiau sydd 'da fi, fydda i ddim yn cymryd dim byd yn ganiataol. Gyda'r rhyddhad, daeth yr awydd i baratoi a chanolbwyntio ar y gêm a oedd o 'mlaen a fy rhan i ynddi.

Ond doedd enw Caryl James, ein hasgellwr ni, ddim ar y rhestr, ddim hyd yn oed ar y fainc. Es i'w ystafell i weld os oedd yn ocê ynglŷn â hynny.

"Ti'n ok?"

"Pam?" medde hi'n syn.

Doedd hi ddim yn gwbod. Mae cael eich dewis neu beidio yn rhan o'r drefn mewn unrhyw gamp tîm, wrth gwrs. Mae pawb sy'n cymryd rhan yn gwbod hynny. Ond ma ffordd o ddelio gyda'r sefyllfa.

Y peth cynta i gael fy sylw wrth baratoi ar gyfer y gêm oedd cicio at y pyst. Roedd angen rhoi prawf o ddifri i'r pen-glin o dan bwysau cicio'r bêl. Fe aeth yn weddol, ond roedd y pen-glin mewn cryn dipyn o boen erbyn diwedd y dydd. Ar y ffordd nôl o'r ymarfer fe es i'r *launderette* i olchi'r cit a gwneud yn siŵr ei fod yn lan ac yn deidi ar gyfer y gêm gynta. Nôl wedyn i'r stafell. Ar y wal, roedd amserlen fanwl yn rhoi trefn pob dydd i ni – ac roedd yn fanwl iawn! Roedd yn dangos pa amser oedden ni i fod i godi i frecwast bob dydd, beth roedden ni i fod i'w wisgo i frecwast, beth roedden ni i fod i'w wisgo i'r pwll nofio ar gyfer y sesiwn adfer yno a beth oedd y wisg gywir ar gyfer pob peth gwahanol roedden ni i fod i'w wneud. Er mor gwbwl ddibynnol ydw i ar drefnu pob diwrnod o fy mywyd yn ôl amserlen fanwl, roedd yr amserlen hon yn boendod braidd ac ar y diwrnod llawn cynta o drio ei dilyn, fe wnaeth i fi deimlo fel petawn yno ers tri mis yn barod – ac roedd tair wythnos i fynd! Bydde pethe'n haws pan fydde'r chwarae'n dechre mae'n siŵr.

Cafodd pawb brynhawn bant ar y dydd Mercher. Aeth rhai merched i Guildford ond llwyddais i i drefnu sesiwn ymarfer cicio. Ces i ganiatâd i fynd ar y cae am hanner awr yn unig a dim ond un hanner o'r cae oeddwn i'n cael ei ddefnyddio. Ond roedd yn werthfawr tu hwnt a'r cicio yn dechre dod nôl i fi fel y dylai e fod. Sesiwn *physio* wedyn – chwarter awr lwyddais i i'w drefnu er bod ishe awr yn fwy na hynny mewn gwirionedd gan fod y pen-glin yn eitha tost. Ond roedd y sesiwn honno'n un dda hefyd, felly roedd pethe'n mynd yn weddol, er bo fi'n dal i deimlo'n unig yng nghanol yr holl bobol.

Gwella eto wnaeth pethe o ran y paratoi ar y dydd Iau, y diwrnod cyn y gêm gynta. Fe aethon ni lawr i glwb rygbi Guildford ar gyfer sesiwn gudd pan nad oedd unrhyw un yn cael dod i edrych arnon ni'n ymarfer. Mae'n rhaid dweud, dyna'r paratoi tîm gorau i fi erioed fod yn rhan ohono gyda Chymru ers i fi ddechre yn 1996. Roedd yn arbennig o dda a Melissa Berry a Clare Flowers yn edrych yn siarp iawn yn y canol, y blaenwyr yn edrych yn gryfach ac yn dynnach, a Naomi yn edrych yn dda yn rhif 10 ac yn gyflym iawn. Roedd y ddwy asgellwraig wedi chwarae fel cefnwyr o'r blaen ac felly'n gyfarwydd â mynd nôl yn amddiffynnol i ddelio gyda chiciau a hynny'n rhoi amrywiaeth bellach i'r ffordd roedd y tair ohonon ni'n gallu cyd-chwarae.

Noson cyn y gêm gynta, roedd cyfarfod i ni'r garfan er mwyn cyflwyno'r crysau. Roedd syrpréis neis wedyn pan wnaeth Jason Lewis, yr hyfforddwr, ddangos DVD a gafodd ei wneud yn arbennig ar ein cyfer. Roedd yn cynnwys neges gan Ruth Jones, neu'n hytrach Nessa o *Gavin and Stacey*, oedd am ddymuno'n dda i ni ar gyfer y gystadleuaeth. Cyffyrddiad neis iawn oedd yn golygu lot!

Ar fore'r gêm gynta, roedd yn rhaid i fi ffilmio gyda chwmni Sky ar eu darllediad nhw o'r gêm. Roedd pob un o gemau Cwpan y Byd yn cael eu darlledu yn fyw ar Sky. Mae hynny'n arwydd sicr o'r ffordd mae'r gêm wedi datblygu dros y blynyddoedd diwetha. Ar ben hynny, roedd y darlledu a'r ffilmio yn ychwanegu at gyffro diwrnod y gêm, fel roedd y negeseuon i ddymuno'n dda oddi wrth sawl un o garfan tîm dynion Cymru.

Allai 20 munud cynta'r gêm ddim bod wedi mynd yn waeth i ni. Fe wnaeth Awstralia ddefnydd llawn o'r gwynt cryf i'n cadw ni nôl yn ein hanner ein hunain ac fe lwyddon nhw sgori tri chais yn yr amser hynny! Am yr awr nesa, fe gawson ni damed bach yn fwy o'n ffordd ein hunain a rheoli pethe'n well, ond doedd e ddim yn ddigon. O safbwynt personol, roedd y rheoli hwnnw ymhlith y blaenwyr gan fwya, a ches i fawr ddim o'r bêl. Ac i wneud pethe'n waeth, ces i ergyd ar fy mhen-glin chwith y tro hwn ac roedd wedi chwyddo'n sylweddol erbyn i fi ddod bant o'r cae. Doedd dim amheuaeth y gallen ni fod wedi ennill y gêm yn erbyn Awstralia. Roedden ni'n sicr yn ddigon da ond fe wnaethon ni dalu'n ddrud am berfformiad yr 20 munud cynta. Teimlad gwag iawn oedd 'da fi'r noson honno.

De'r Affrig oedd nesa, felly paratoi ar gyfer y gêm honno oedd hanes y diwrnod canlynol. Brecwast am hanner awr wedi wyth, y pwll nofio am naw, y gampfa am hanner awr wedi naw, cyfarfod i ddadansoddi'r gêm ddiwetha wedyn ac yn y blaen. Ond, roedd amser rhydd trwy'r prynhawn a'r nos ac roedden ni'n cael gwisgo ein dillad ein hunain! Roedd yn teimlo fel diwrnod dim gwisg ysgol yn yr ysgol ond o leia doedd dim rhaid i ni dalu punt o ddirwy. Aeth Caryl a fi mas i Guildford ac fe gawson ni bryd o fwyd hyfryd yn nhŷ bwyta Jamie Oliver – a phrynais i ddillad newydd hefyd. Roedd fel cael pas am y dydd i fynd mas o'r carchar!

Mae lot fawr o ddadansoddi yn digwydd yn ystod ymgyrch fel un Cwpan y Byd, dadansoddi tîm ac unigolion. Does dim amheuaeth bod yn rhaid ei gael. Ond yn ystod y dadansoddiad o fy mherfformiad personol i rhestrodd Dan Cottrell, yr hyfforddwr, lwyth o bethe negyddol heb un sylw cadarnhaol – a hynny mewn gêm pan ges i fy newis fel chwaraewr gorau Cymru. Erbyn diwedd y dadansoddi, felly, roeddwn yn teimlo'n ofnadwy ac yn hollol fflat a di-fflach. Cyfuniad o'r negyddol a'r cadarnhaol sy'n fwya tebygol o fagu hyder a datblygiad, bydden i'n meddwl. Ac mae canlyniad agwedd sy'n rhestru'r negyddol yn unig yn sicr yn cael ei deimlo ar y cae hefyd. Mae chwaraewyr yn ofni trio rhai pethe achos ei fod e wastad yng nghefn eich meddwl bod dadansoddi i ddilyn y gêm. Mae ofn a diffyg hyder wedyn yn cael lle lot yn rhy amlwg yn eich agwedd ar y cae. Fe wnes i ddweud hyn wrth Lisa Burgess, pennaeth Rygbi Menywod Cymru. Cawn weld beth ddaw o hynny.

Penderfynwyd ar ffordd newydd o roi gwbod i ni pwy oedd yn y tîm ar gyfer De'r Affrig – rhoi darn o

YN ERBYN Y FFACTORE

bapur dan ddrws ein hystafell wely yn ystod y nos fel y bydde fe yno yn aros amdanon ni yn y bore! Ffordd fach arall bach yn od o'n hysbysu ni, bydden i'n meddwl, ac yn sicr o arwain at noson ddi-gwsg i lot wrth iddyn nhw fecso oedden nhw mewn neu mas. Nid y ffordd orau i dreulio noson cyn gêm yng Nghwpan y Byd, felly!

Ar ôl wythnos, dechreuais i setlo'n well a mwynhau cwrdd â phobol o'r timau eraill, gan gynnwys hyfforddwr De'r Affrig oedd yn arfer chwarae i Lanelli!

Fe wnes i ddeffro ar ddiwrnod y gêm a gweld bod fy enw ar y darn papur, felly De'r Affrig amdani! Roedd y gwynt yn dal yn dylanwadu ar y gêm a'r cicio yn anodd. Tynnwyd Caryl oddi ar yr asgell yn ystod y gêm, aeth Naomi nôl fel cefnwr ac fe es i ar yr asgell. Fe gollon ni'r gêm 15–10 ac roedd hynny'n golygu, hyd yn oed petaen ni'n curo Seland Newydd, mai'r safle ucha y gallen ni ei gyrraedd fyddai nawfed. Felly, roedd yn fater o orfod chwarae Sweden a Kazakhstan i benderfynu'r safleoedd terfynol.

Y diwrnod ar ôl y gêm honno, roedd diwrnod bant ganddon ni ac unwaith eto roedden ni'n cael gwisgo ein dillad ein hunain. Ar wahân i'r sesiynau ffitrwydd arferol, wnes i fanteisio ar y cyfle i fynd i bencadlys Pfizer er mwyn gwneud tamed bach o waith cyn codi Caryl i fynd am fwyd mewn tafarn gyferbyn.

Ar gyfer y gêm ola yn y grŵp yn erbyn Seland Newydd, ces fy newis ar yr asgell unwaith eto. Doedd hynny ddim yn newyddion da am fod well 'da fi chwarae fel cefnwr, ond hefyd roedd yr hyfforddwr Jason Lewis wedi penderfynu mai gêm dynn y bydden ni'n ei chwarae yn erbyn Seland Newydd yn hytrach na gêm agored. Dim lot o'r bêl i fi 'te! Ar ben hynny, doedd dim lot o hwyl arna i cyn y gêm, a'r llwnc yn dost nawr yn ogystal â'r pen-glin. O leia byddai fy rhieni yno'n cefnogi ac roeddwn i'n edrych mlaen i hynny. Ond yn y diwedd fethais i gael tocyn iddyn nhw.

Hanner amser, 17–8 i Seland Newydd oedd y sgôr, a ninne'n dal yn y gêm ac wedi rhoi eitha her iddyn nhw o'r dechre. Ond stori arall oedd yr ail hanner ac fe gollon ni o 41–8. Heb os, nhw oedd y tîm gorau yn y gystadleuaeth, er ei bod yn braf clywed pawb yn dweud pa mor dda wnaethon ni chwarae ac nad oedd y sgôr yn adlewyrchu ein perfformiad. Yn sicr, dyma ein perfformiad gorau ni er gwaetha'r ffigyrau ar y sgorfwrdd!

Ar y dydd Llun cyn y gêm gynderfynol, diwrnod y gêm ail-gyfle yn erbyn Sweden, roeddwn yn yr ysbyty. Roedd fy mhen-glin chwith wedi chwyddo'n sylweddol wedi anaf ardrawiad pan wnes i daro fy mhen-glin yn erbyn y ddaear. Roedd angen tynnu'r hylif allan ohono ac roedd hynny i ddigwydd y diwrnod cyn y gêm yn erbyn Sweden. Roeddwn yn dal yn gobeithio y gallwn chwarae, ond doedd hynny ddim yn bosib. Doedd dim un ffordd y gallwn i aros lan yn Guildford heb fod yn gallu chwarae. Felly, un dewis oedd 'na sef dod adre. Roedd fy Nghwpan y Byd i ar ben. Doedd y doctor ddim yn fodlon i fi chwarae am fod y pen-glin wedi chwyddo gormod. Ac ar ben hynny, wrth gwrs, roeddwn i'n ymwybodol bod Gemau'r Gymanwlad ymhen tair wythnos. Felly, roeddwn nôl yn fy nghartre wythnos cyn y lleill.

Roeddwn yn siomedig iawn i beidio â gwneud yn

well yng Nghwpan y Byd, ac yn siomedig i orfod dod nôl yn gynnar. Ond dw i'n falch iawn i fi fynd yno ac yn weddol fodlon â fy mherfformiadau, yn enwedig yn erbyn Awstralia a Seland Newydd. Tybed ai hon oedd y Cwpan y Byd ola i fi neu oes un arall i fod?

15

Simon Cowell S4C

"Tɪ ɢᴡᴍᴡs 'ʀᴜɴ ᴘᴇᴛʜ â Simon Cowell 'achan!"

Dw i ddim yn gwbod sawl gwaith glywes i hynny yn ystod ffilmio cyfres *10 Jonathan* ar S4C! Roeddwn i'n un o dri o arbenigwyr ar gyfres ffitrwydd newydd sbon oedd yn cael ei chyflwyno gan Jonathan Davies. Mae'r sylw yna'n dangos yn glir pa fath o feirniad oeddwn i ym marn rhai o'r cystadleuwyr.

Daeth y cyfle i gymryd rhan yn gynharach yn 2010 ac roedd yr holl beth yn swno'n gyffrous tu hwnt. Dyma gyfres ar ffitrwydd yn y Gymraeg oedd yn torri tir newydd i S4C. Wnes i ddim oedi cyn derbyn y cynnig i fod yn rhan o'r cyfan. Un peth wnaeth yr holl brofiad yn fwy boddhaol oedd cael cyfle i gyfrannu at roi siâp ar y rhaglen cyn ffilmio. Fe wnaethon nhw ofyn i fi pa her fyddai'n gweithio'n dda o safbwynt bod yn her ffitrwydd ac a fyddai'n edrych yn iawn ar y teledu. Dyna lle gallais i dynnu ar brofiad *Gladiators* yn benna ac ambell ran arall o 'mhrofiad teledu hefyd. Gofynnwyd am farn yr arbenigwr ffitrwydd arall, Trystan Bevan, hefyd ac roedd Jonathan ei hun yn cyfrannu wrth gwrs. Fe fuodd e ar y gyfres enwog *Superstars*. Yn 2005, roedd Jonathan wedi ymddangos ar y gyfres gyda John Barnes, Ellery Hanley a Barry McGuigan. Roedd Jamie Baulch yn cymryd rhan yn y gyfres honno hefyd, fel y gwnaeth e yn 2003. Erbyn hyn, mae Jamie wedi sefydlu cwmni rheoli athletwyr sydd hefyd yn edrych ar ôl fy ngyrfa i.

Doedd dim prinder syniadau gan Jonathan, felly, ac mae e'n dal i gadw'n heini ac yn cadw lefel uchel o ffitrwydd er iddo roi'r gorau i chwarae ers rhai blynyddoedd. Dw i'n credu bod hynny'n wir am lawer o athletwyr pan ma nhw'n rhoi'r gorau i gystadlu – dy'n nhw ddim yn gallu rhoi'r gorau i'r obsesiwn gyda ffitrwydd aeth â nhw i'w lefel o chwarae.

Roedd cannoedd wedi gwneud cais i fod ar y gyfres a gwaith hir a gofalus oedd mynd trwy'r ffurflenni cais i ddewis y deg bachgen a'r deg merch fyddai'n ymddangos ar y teledu. Roeddwn i fod yn rhan o'r broses ddewis gyda Trystan a Tim, y ddau arbenigwr arall, a Jonathan hefyd. Roedd y cyfweliadau a'r profion ffitrwydd i ddigwydd yng Ngwesty'r Vale. Ond dyma un adeg pan oedd y jyglo wedi methu ac roedd yn rhaid i fi fynd bant gyda fy ngwaith y diwrnod hwnnw.

Erbyn i fi ddod nôl yn rhan o'r broses, felly, roedd y deg merch a'r deg bachgen wedi cael eu dewis. Dechreuodd y ffilmio ym mis Mehefin a buon ni'n ffilmio yng Nghymru yn ystod Mai, Mehefin ac Awst, ac roedd y ffeinal yn Tenerife, lle bues i am wythnos o ffilmio rhwng Cwpan y Byd a Gemau'r Gymanwlad!

Yn y misoedd cyn hynny, roedd yn fater eto o drefnu gwaith, ymarfer a ffilmio. Doedd dim amser ar ôl 'da fi i'w gymryd bant o'r gwaith, felly roedd yn rhaid ffito'r gwaith a'r ffilmio rownd ei gilydd. Doedd dim modd hyfforddi pan ddechreuodd y gyfres gan fod fy nghoes yn y *brace* oherwydd yr anaf i'r penglin. Roedd yn anodd iawn i fi eistedd nôl a gweld pawb arall yn mynd trwy'r holl dasgau ffitrwydd 'ma a finne'n gallu gwneud dim byd. A dweud y gwir roedd yn anodd iawn i fi eistedd ffwl stop! Doeddwn i ddim yn gallu plygu'r pen-glin yn iawn ac roeddwn i'n teimlo'r boen go iawn ar ddiwedd diwrnod o ffilmio.

Ond, diolch byth, daeth y *brace* bant, a phan ddigwyddodd hynny roedd angen ffeindio amser i ymarfer wedyn hefyd. Trwy lwc, roedd yn gyfres ffitrwydd, felly roedd hynny yn ei hun yn rhoi cyfle i fi ymarfer. Pan oedd y deg cystadleuydd yn gorfod gwneud eu tasgau ffitrwydd amrywiol, roeddwn i fel arfer yn gwneud pob un ohonyn nhw hefyd. Os nad oedd hynny'n digwydd, a phan oedd toriad yn y ffilmio i fi, roeddwn yn mynd i'r gampfa agosa am sesiwn ymarfer.

Yn aml, roedd gofyn bod ar leoliad yn gynnar y bore. Un diwrnod, roedd ishe bod mewn pwll nofio yng Nghaerdydd erbyn naw. Wedi ymarfer cyn mynd, byddwn i'n ffilmio yn y pwll ac wedyn tra oedd y criw yn seto lan rhywle arall, ar dwyni tywod Merthyr Mawr er enghraifft, roeddwn i'n trefnu cyfarfodydd gwaith neu'n gwneud gwaith ar y cyfrifiadur cyn mynd i'r sesiwn ffilmio nesa. Dro arall, draw â ni gyd i Abertawe erbyn hanner awr wedi naw un bore Sadwrn er mwyn ffilmio ar drac rhedeg yno. Ond er mwyn i fi fod yno'r amser hynny, roedd yn rhaid codi am chwech y bore er mwyn codi pwysau neu fynd mas i redeg gynta. Wedyn dreifo i Abertawe. Yn ystod toriad yn y ffilmio er mwyn i bawb arall gael eu brêc cinio, fe fydden i'n mynd draw i gampfa'r Brifysgol am sesiwn fan'na, naill ai ar y pwysau neu'r peiriant rhedeg. Nôl wedyn i ffilmio a sesiwn arall o ffitrwydd ar ôl cyrraedd adre. Diolch byth ei bod hi'n ddydd Sadwrn ac nad oedd angen meddwl am waith y diwrnod hwnnw!

Yn annisgwyl, fe wnaeth y profiad o ffilmio i fi sylweddoli faint o adnoddau chwaraeon o'r safon ucha sydd ganddon ni yng Nghymru. Fe aethon ni i ffilmio yn y Velodrome, Casnewydd, yng nghanolfan Dŵr Gwyn Rhyngwladol Caerdydd, pwll nofio Olympaidd Abertawe, Clwb Rhwyfo Llandaf ac yn y blaen. Roedd yn ddigon i wneud i fi ishe cystadlu hefyd.

Rhan o fformat y rhaglen oedd dod wyneb yn wyneb â'r cystadleuwyr a dweud wrthyn nhw shwd oedden nhw wedi perfformio yn eu tasgau ac yna dweud pa un oedd yn gorfod gadael y sioe yr wythnos honno am beidio â pherfformio cystal. Dyna lle ges i'r enw Simon Cowell! Ar un lefel, roedd y ffaith bod pawb yn fy ngweld yn gwneud y tasgau i gyd fy hunan yn golygu eu bod nhw'n gwbod nad oeddwn yn malu awyr wrth wneud fy sylwadau. Roedd hynny'n arbennig o wir yn ystod yr wythnos yn Tenerife pan wnes i redeg ar hyd y traeth yn cario *dumbbell*s 20 kilo, un ym mhob llaw, ac yna ffilmio *demo* ohona i'n rhedeg i fyny Mynydd Teide. Doedd dim problem hygrededd o gwbwl.

Ond, er hynny, fe wnes i ypseto pawb. Yn ddi-ffael! Roedd un wedi ypseto am i fi ddweud bo fi'n synnu iddi ddod yn ola. Un arall ddim yn hapus am i fi ei galw'n *drama queen*. Roedd un arall yn dweud ei fod yn cynrychioli Cymru mewn jiwdo, a phan wnaeth e'n wael fe ddwedes ei fod wedi siomi jiwdo Cymru. Roedd un boi wedi priodi yng nghanol y gyfres ac fe wnes i'r sylw ei fod yn meddwl mwy am y briodas na chymryd rhan yn y gyfres. Doedd e ddim yn rhy hapus i fi ddweud hynny chwaith. Mewn amgylchiadau fel'na, cael fy ngalw'n Simon Cowell oedd y peth neisa a ddywedwyd amdana i! Ond, nid bod yn gas er mwyn bod yn gas oedd y bwriad. Fydden i byth yn gwneud hynny. Y bwriad oedd rhoi sylwadau a fyddai yn eu helpu yn y rhaglen nesa. Doedd dim diben seboni pawb. Ond nid pawb oedd yn deall hynny!

Roedd ffilmio yn Tenerife yn anhygoel a dweud y lleia. Dyw'r gwres ddim yn gwneud pethe'n hawdd i'r rhai sy'n cystadlu, ond mae'r golygfeydd yn arbennig! Fe wnaethon ni lot o waith o gwmpas Mynydd Teide. Dim rhyfedd bod Lance Armstrong yn gwneud ei ymarfer seiclo ar yr un mynydd.

Unwaith eto, roedd jyglo'n rhan fawr o drefnu fy amser yn Tenerife. Roeddwn i yno'r wythnos ar ôl dod nôl o Gwpan y Byd ac, ar ôl dychwelyd adre, dim ond wythnos oedd yna cyn bo fi'n mynd i India ar gyfer Gemau'r Gymanwlad. Roedd gofyn cadw llygad manwl ar y pwysau, felly, am fod yn rhaid i fi gyrraedd pwysau penodol er mwyn gallu cystadlu ar ôl cyrraedd Delhi. Roedd angen ymarfer hefyd i gadw'r lefel ffitrwydd yn iawn ar gyfer y cystadlu oedd o 'mlaen. Ond mae campfeydd yn Tenerife wrth gwrs. A dyna lle o'n i mor aml â phosib, gyda Delhi yn amlwg ar fy meddwl.

Ond yn fwy pwysig na'r diet a'r ymarfer, yn seicolegol, treulio wythnos yn Tenerife oedd y peth gorau allen i fod wedi ei wneud. Roedd yn gyfle i gamu nôl o'r reslo a'r rygbi, i fod gyda grŵp o bobol ag agwedd a phwyslais gwahanol i fy un inne dros y flwyddyn ddiwetha. Roedd *stress* cael anaf cyn Cwpan y Byd wedi pwyso'n drwm arna i, gan daflu cysgod mawr dros y gystadleuaeth honno a Gemau'r Gymanwlad. Yna, roedd *stress* ychwanegol cael anaf yng Nghwpan y Byd a gorfod gadael yn gynnar a hynny, yn ei dro, yn taflu cysgod pellach ar Delhi. Yn Tenerife, roedd modd anghofio hynny i gyd ac, ar yr un pryd, teimlo gwres yr haul ar fy nghefn. Roedd yn gyfle i gael hwyl unwaith eto, i fwynhau cwmni a chwerthin. Bydde bywyd wedi bod yn wahanol iawn petawn i wedi dod adre o Guildford i Gaerdydd ac yna i Delhi. Diolch i'r drefn nad fel'na oedd hi.

Er gwaetha'r ymateb i ambell sylw, fe ddes i mlaen yn grêt gyda'r cystadleuwyr. Do, wir! Roedd eu cwmni'n help yn arbennig wrth i fi drio cyrraedd y pwysau cywir i gystadlu yn Delhi. Fe gollais i lot o bwysau mas 'na, ond roedd dal rhyw 4 kilo ar ôl i fynd cyn cyrraedd y pwysau reslo cywir. Fe wnaeth eu sylwadau amrywiol, eu hanogaeth a'r *banter* fy helpu i lot. Roedd eu cefnogaeth ar ôl i ni gyd ddod adre yn ffantastig ac fe wnaethon nhw anfon llwyth o negeseuon i ddymuno'n dda i fi cyn mynd i Delhi. Diolch byth am Facebook!

O ran y gyfres ei hun, alla i ddim ffindo bai arni. Dw i ddim yn gwbod faint o bobol dw i wedi siarad â nhw oedd wedi ei mwynhau, a'r rhan fwya o'r rheiny'n bobol ddi-Gymraeg. Mae gan Jonathan Davies y ddawn i ddenu pobol o gymaint o wahanol gefndiroedd i wylio ei raglenni. Dyna'r rheswm pam mae rhaglen *Jonathan* yn llwyddiant. A dyna apêl *10 Jonathan* hefyd. Mae'n grêt bod yna gynulleidfa eang yn dilyn rhaglenni Cymraeg gan gynnwys pobol nad ydynt yn siarad Cymraeg. Yn sicr, mae'n fformat a allai weithio yn Saesneg hefyd a byddai'n grêt gweld cwmnïau eraill yn dilyn fformat a grëwyd gan S4C.

Diolch byth, mae yna sôn am ail gyfres. Gobeithio y bydd i'w gweld ar y sgrîn cyn hir.

Am nawr, Delhi oedd o 'mlaen. Dyma'r ail Gemau'r Gymanwlad i fi ac roeddwn yn cystadlu yn fy nhrydedd camp, y person cynta yn y byd i wneud y fath beth.

16

Gemau'r Gymanwlad

'NA BETH OEDD DECHRE da i Gemau'r Gymanwlad!
Roeddwn yn gorfod teithio dros nos i India ac fe ges
gynnig i symud lan i safon busnes ar yr awyren. Braf
iawn oedd cael gorwedd nôl ac ymlacio ar y sedd.
Doeddwn i ddim yn gwbod hynny ar y pryd, ond roedd
sedd yr awyren dipyn mwy cyfforddus na'r gwely oedd
yn aros amdanaf i yn Delhi. Stafell wely ddigon bach
oedd ym mhentre'r athletwyr ac roeddwn yn ei rhannu
gyda Sarah Connolly a oedd yno i reslo hefyd, ond
mewn categori gwahanol i fi.

Beth bynnag oedd diffygion y stafell wely, roedd
pentre'r athletwyr yn ffantastig. Cyn cyrraedd,
roeddwn wedi clywed a gweld droeon ar y teledu
a'r radio ac yn y papurau bod y cyfleusterau yno'n
ofnadwy. Doedd dim prinder o straeon erchyll am
hyn a'r llall ac arall. Doedden nhw ddim wedi gorffen
adeiladu rhai o'r canolfannau! Roedd mwd a dŵr
glaw ym mhobman, gan gynnwys lle roedd pobol
fod i fyw. Daeth straeon wedyn am rai yn mynd yn
dost tra'u bod nhw mas yno. Ar ôl clywed hyn i gyd,
penderfynodd rhai athletwyr beidio â mynd yno o
gwbwl. O safbwynt tîm Cymru, fe gyhoeddwyd sawl
pennawd papur newydd yn cyfeirio at y cyfarfodydd
a gafwyd i benderfynu a fydden ninne'n cystadlu. O'n

safbwynt i, doedd dim amheuaeth o gwbwl. Roeddwn am weld dros fy hunan yn lle derbyn yr holl straeon ar y cyfryngau yn ddall.

A diolch byth i fi wneud. O'r funud i fi gyrraedd, ches i ddim achos i gwyno am y ddarpariaeth. Fy unig gŵyn oedd y gwely caled, ond cafodd effaith hwnnw ei lleihau rywfaint gan y ffaith i fi fynd â chwilt gyda fi o adre. Roedd hwnnw'n cynnig tamed bach mwy o foethusrwydd nag y bydden i wedi ei gael fel arall.

Wedi cyrraedd yn hwyr y nos, neu yn gynnar yn y bore mewn gwirionedd, fe ddeallon ni bod ein slot ymarfer ni rhwng saith a naw y bore. Fawr ddim amser, felly, i ymgyfarwyddo â'r pedair awr a hanner o wahaniaeth mewn amser rhwng ein gwledydd. Yn yr ymarfer cynta hwnnw, roedd hi'n oriau mân y bore yn ôl fy nghloc personol i. Ond o leia roedd y tywydd yn ffantastig ac yn cynnig cyfle i gael cysgad fach yn yr haul ambell brynhawn.

Deallais yn weddol gloi bod menywod o Ganada, Nigeria, Awstralia, India, De'r Affrig, yr Alban, Lloegr a finne o Gymru yn yr un gystadleuaeth. Bendith gymysg oedd y ffaith bod y neuadd fwyd yn ffantastig. Allen i ddim gofyn am well mewn gwirionedd, ond roeddwn i'n dal i orfod colli pwysau er mwyn gallu cystadlu yn y gystadleuaeth 55 kilo. Felly, roedd cael neuadd fwyd cystal ei safon wedi ei wastraffu'n llwyr arna i ac yn ei gwneud yn anoddach i golli'r pwysau oedd ishe arna i. Ar yr ail ddiwrnod roeddwn wedi llwyddo i gyrraedd 56.4 kilo, oedd yn ddigon derbyniol, ond roedd angen colli o leia 1.2 kilo erbyn diwrnod y pwyso – sef y diwrnod ar ôl hynny!

Y bore canlynol, roeddwn ar y mat reslo am saith y bore. Wedyn, roedd 'da fi sesiwn bwysau yn hwyrach yn y dydd a sesiwn gyflymdra ar ei hôl. Roeddwn i'n digwydd bod ar y trac ar gyfer y sesiwn gyflymdra ar fy mhen fy hun – hynny yw, tan i dîm Jamaica gyrraedd! Dyna lle roeddwn i'n sbrintio am y gorau gyda gwibwyr gwlad sydd wedi cynhyrchu cymaint o redwyr gorau'r byd, gan gynnwys Usain Bolt wrth gwrs. Roedden nhw'n edrych yn ddioglyd wrth iddyn nhw segura o gwmpas ochor y trac, ond y funud roedden nhw'n rhedeg o ddifri, roedden nhw i gyd yn anhygoel. Profiad grêt a thipyn bach yn swreal!

Doedd dim sesiwn reslo gyda'r nos gan fod y rheolwyr i gyd wedi cael gwahoddiad i gyfarfod y Tywysog Charles. Ces i wahoddiad hefyd, ond fe wnes i wrthod am fod angen gwely cynnar arna i i baratoi ar gyfer y bore canlynol. A finne ar fin mynd i fy ngwely, diddorol iawn oedd dysgu bod un o'r merched yn fy nghategori reslo i yn Bencampwr Asia! O wel, fel'na ma'i!

Erbyn y trydydd diwrnod, roeddwn wedi dechre dod yn fwy cyfarwydd â'r gwahaniaeth amser. Doedd dim problem ymarfer a hyfforddi ar gyfer y reslo a doedd dim anaf wedi dod o hynny chwaith. Roeddwn i'n teimlo'n rhwystredig, felly, bod 'da fi wddwg stiff oherwydd bod y gwely mor galed. Ond roeddwn i'n edrych mlaen i'r seremoni agoriadol ac i dynnu'r meddwl oddi ar bob teimlad anesmwyth. Cyn hynny, fodd bynnag, roedd yn rhaid rhedeg am ryw hanner awr er mwyn trio cael y pwysau lawr i beth dyle fe fod. Wrth wneud hynny, roedd y dietegydd yn rhoi stwr i fi bob dydd am beidio ag yfed digon. Doedd dim ennill i fod. Gofynnodd i fi roi sampl dŵr mewn potel bob bore er mwyn mesur lefel y dadhydradu yn fanwl ac roedd yn ddigon isel i beri gofid iddi. Yn ôl beth roedd hi yn ei ddweud, roedd 'da fi record arall – fel y person mwya dadhydradedig iddi ddod ar ei draws!

Â hynny yng nghefn y meddwl, mlaen â fi at y bws i fynd â ni i'r seremoni agoriadol. Roedd yn hanner awr o daith ac yna roedd yn rhaid aros am ddwyawr y tu fas i'r stadiwm am bod 'Wales' reit ar ddiwedd y rhestr, yr ola ond dau i fynd mewn. Rheswm amlwg arall dros newid enw'r tîm i 'Cymru'! Roedd yn rhaid gwisgo siwtiau Cymru, ac mae'n rhaid dweud eu bod yn rhai smart iawn – crys gwyn, gwasgod lwyd a throwsus llwyd. Y nofiwr David Davies gafodd yr anrhydedd o gario baner Cymru o gwmpas y stadiwm gystadlu ac roeddwn i'n cerdded yn union y tu ôl iddo fe. Wnes i ddim aros ar gyfer y seremoni gyfan am fod y sesiwn hyfforddi'r diwrnod canlynol yn dechre eto am saith. Felly, es i nôl i'r gwely! Fe wnes i ystyried peidio â mynd o gwbwl i'r seremoni oherwydd y pwysau i ymarfer yn y bore, ond dw i mor falch i fi fynd, er gwaetha'r aros. Roedd yn eitha achlysur. Lliwgar, cyffrous, cerddorol a chymaint o wledydd amrywiol y byd yn cerdded gyda'i gilydd. Bythgofiadwy.

Daeth cyfle i gwrdd â'r Tywysog Charles hefyd yn y diwedd, a hynny yn y neuadd fwyd. Fe wnes i shiglo'i law a chael sgwrs fer cyn iddo symud mlaen. Y diwrnod canlynol oedd y diwrnod ola i ymarfer reslo gan fod diwrnod bant dydd Mawrth ac roedd dydd Mercher yn ddiwrnod i chwysu'n ddi-stop er mwyn colli'r pwysau ola cyn y pwyso.

Fel'na oedd pethe i fod o leia. Ond ar ôl codi ar y bore Llun, roedd sawl un ohonon ni'n teimlo'n dost. Roedd llwnc tost 'da fi a stumog tost gan rai o'r lleill.

Felly, wedi cyfarfod am chwarter wedi saith y bore, penderfynwyd rhoi'r gorau i'r sesiwn a chael diwrnod bant. Diwrnod o ymlacio a thrio gwella, felly, ond doedd hynny ddim yn hawdd gan i'r teimlad cryf yna o hiraethu am adre godi unwaith eto.

Un sioc oedd deall oddi wrth rai o'r cystadleuwyr eraill bod y glorian y byddwn yn pwyso arni bron i hanner kilo yn drymach nag yr oedd i fod. Felly, yn lle gorfod cael fy mhwysau lawr i 55 kilo, roedd yn rhaid ei gael lawr i 54.5 kilo. Roedd hynny'n golygu colli dau kilo mewn tri diwrnod. Roeddwn, wrth gwrs, yn ddadhydradedig hefyd cyn dechre colli rhagor o bwysau. Roedd diwrnodau anodd o 'mlaen.

Ac fe aeth pethe'n waeth. Dw i erioed wedi gwneud rhywbeth mor anodd â cholli'r kilos ola hynny, dim gyda'r jiwdo na'r rygbi. Roedd yn hunlle lwyr. Starfo'n hunan drwy'r dydd Mawrth, tra'n ymarfer hefyd, a gwbod wrth godi'r bore trannoeth bod sesiwn redeg mewn siwt chwys o fy mlaen er mwyn colli beth bynnag oedd yn weddill. Yna, roedd prawf meddygol i ddilyn a'r pwyso ar ei ôl cyn cael gwbod pwy y bydden i'n ymladd yn ei herbyn. Wrth feddwl mlaen at y noson ganlynol roedd 'da fi deimladau cymysg iawn. Tybed a fyddwn wedi colli'r pwysau oedd ishe ei golli? Os mai 'na' fyddai'r ateb, doedd dim rheswm i fi fod yn India. O safbwynt y rhai y gallwn fod yn ymladd yn eu herbyn, doeddwn i ddim ishe wynebu'r ddwy o Nigeria nac India. Ond ar y llaw arall, beth bynnag fyddai'n digwydd, o leia byddwn yn gallu bwyta ac yfed unwaith eto. Roedd hynny'n rhywbeth i edrych mlaen ato yn sicr.

Diwrnod anodda fy mywyd heb unrhyw amheuaeth oedd diwrnod y pwyso. Roedd yn llythrennol yn uffern. Os bydda i fyth yn cwyno am rywbeth yn y dyfodol, ma ishe i rywun fy atgoffa am y diwrnod hwnnw. Dw i erioed wedi teimlo mor wael ac mor isel. Colli'r kilo ola oedd y peth gwaetha i gyd. Rhedais o amgylch pentre'r athletwyr yn gwisgo siwt chwys a phedair haen o ddillad fy hun a hynny yng ngwres Delhi er mwyn ceisio colli .8 kilo. Yn y diwedd fe wnes i lwyddo. Ond doedd dim diferyn o ddŵr ar ôl yn fy nghorff dw i'n siŵr. Ac roedd y gwendid a ddaeth yn sgil hynny yn llethol heb sôn am y boen meddwl. Beth wnaeth yr artaith yna'n waeth oedd gwbod ei bod yn bosib i fi ymladd yn bell dros y pwysau angenrheidiol y diwrnod canlynol. Yr unig beth oedd yn rhaid gwneud oedd bod o dan y pwysau ar ddiwrnod y pwyso. Bedair awr ar hugain wedi hynny, ar ddiwrnod yr ymladd ei hun, doedd dim ots os oeddwn i wedi rhoi 5 kilo nôl mlaen. Fel mae'n digwydd roeddwn i'n pwyso 59.5 kilo ar ddiwrnod y ffeit, 5 kilo yn fwy na'r pwyso y diwrnod cynt.

Ond wedi colli'r pwysau angenrheidiol, roedd yn rhaid aros i weld pwy y byddwn yn ei hymladd. Y dasg oedd gwasgu botwm ar gyfrifiadur. Fe wnes hynny ac ymddangosodd rhif 5. Roeddwn, felly, i ymladd pwy bynnag gafodd rhif 6. A phwy oedd honno ond y ferch o India y byddai'n well 'da fi ei hosgoi. Yn waeth byth, roedd y merched o Awstralia a'r Alban, oedd yn hanner arall y gystadleuaeth i fi, wedi cael *bye* i'r rownd gynderfynol tra oedd y merched cryfa i gyd yn fy hanner i. *Luck of the draw*, fel ma nhw'n gweud! Y ferch wnes i ymladd yn ei herbyn oedd yr un a enillodd y fedal aur yn y diwedd. Ces i ffeit yn erbyn merch o Nigeria ar gyfer y fedal efydd a cholli o un pwynt yn unig.

Am sbel, dim ond siom yr oeddwn yn ei deimlo. Ond, fel mae amser yn mynd heibio dw i'n gallu edrych yn wahanol iawn ar yr holl brofiad. Nawr, dw i'n fodlon ar sut wnes i ymladd. Wnaeth neb fy nhaflu na'm curo trwy fod yn drech na fi. Colli pwyntiau wnes i am bethe fel camu tu fas i'r cylch reslo. Colli wnes i, wrth gwrs, does dim gwadu hynny, ond roedd yn ffordd mwy derbyniol o golli. Roeddwn ar ddiwedd y cyfan wedi gorffen yn bumed ac felly dw i'n bumed yng ngwledydd y Gymanwlad. O ganlyniad, ces drwydded i reslo ym mhob pencampwriaeth trwy'r byd. Does dim rhaid i fi fod yn rhan o dîm Prydain nawr er mwyn gwneud hynny – galla i ymladd ar fy mhen fy hun ac, yn fwy pwysig, yn enw Cymru hefyd. Drwy'r siom a'r cymylau tywyll, roedd yn rhaid i fi atgoffa fy hun yn gyson mai dim ond ym mis Mawrth y dechreuais i reslo am y tro cynta.

17

Yn Erbyn y Ffactore

DOEDD DIM LOT O siâp arna i y bore ar ôl dychwelyd o
Delhi. Nid oherwydd unrhyw anafiadau ond oherwydd
y teimlad yn fy stumog a'r meddyliau oedd yn troi yn
fy mhen. Roedd cyfnod o dros flwyddyn a hanner o
baratoi ar gyfer y Chwe Gwlad, Cwpan y Byd a Delhi
wedi dod i ben. Doedd dim eiliad heb ei llenwi, rhwng
yr ymarfer, yr hyfforddi, y cystadlaethau, yr anaf,
y ffilmio, gwaith a'r gemau. Nawr roedd y cyfan tu
cefn i fi. Dyna ni. Popeth drosodd. Roedd yn deimlad
gwag iawn. Doedd dim ffocws, dim byd i anelu ato
nac i baratoi ar ei gyfer. Yng nghanol gwacter fel'na,
daw'r cwestiynau o bob cyfeiriad, cwestiynau oedd yn
gwneud i fi amau fy hun mewn ffordd nad oeddwn
wedi gwneud o'r blaen. Doedd yr ofnau a'r amheuon
a gododd yn sgil torri fy nghoes neu'r anaf pen-glin yn
ddim o'u cymharu â'r teimlad yma o wacter. Roeddwn
wastad yn gallu canolbwyntio ar wella a dod nôl i
chwarae. Ond wrth i'r cwestiynau yma droi rownd a
rownd yn fy mhen, roedd un cwestiwn yn dod nôl dro
ar ôl tro. Beth nesa?

Dw i ddim wedi clywed y cwestiwn yna ers dechre
jiwdo, rygbi na reslo. Roedd wastad rywbeth yn
digwydd nesa. Sut oedd dod i delerau gyda'r cwestiwn
nawr? Doedd e ddim fel petai prinder opsiynau. Nid

dyna'r broblem. Lai na dau fis ar ôl dod nôl o Delhi, roedd cystadleuaeth saith bob ochor Dubai, a finne wedi cael gwahoddiad i chwarae i ddau dîm yno. Wedyn, yn y flwyddyn newydd, byddai cystadleuaeth y Chwe Gwlad a chyfle i gael mwy o gapiau a cheisio torri'r record am y nifer fwya o geisiau a sgoriwyd erioed gan chwaraewr rygbi. Ac yna, wrth gwrs, ar y gorwel pell, roedd un abwyd deniadol tu hwnt – Gemau Olympaidd Llundain, 2012. Ond doedd yr un o'r rheina'n cynnig ateb amlwg i'r cwestiwn ynghylch beth oedd y cam nesa i fi. Doedd dim un ohonyn nhw'n ddigon i lenwi'r gwacter.

Fe wnaeth hynny bethe'n waeth mewn gwirionedd. Roedd y ffaith bod opsiynau amrywiol ar gael yn creu mwy o ddryswch. Doedd fy sefyllfa waith ddim yn helpu chwaith. Ar ôl bod bant am gymaint o amser, roedd yn rhaid dal lan rhywfaint ac roedd hi'n adeg brysur o'r flwyddyn i bobol ym myd gwerthiant gan fod perfformiad y chwarter hwn yn dylanwadu lot ar sefyllfa'r flwyddyn ganlynol. Ar ôl dychwelyd o Delhi, bûm yn Lerpwl am gynhadledd wythnos, yna i Lundain ac yn ola i Fryste.

Am sbel fawr, doeddwn i ddim ishe mynd i chwarae rygbi, doeddwn i ddim ishe reslo. Doeddwn i ddim ishe gwneud dim byd a dweud y gwir. Wal frics oedd o 'mlaen a dim ffordd i fynd heibio iddi.

Fe aeth mis heibio cyn i fi fynd i hyfforddi rygbi am y tro cynta ac ychydig dros hynny cyn i fi chwarae mewn gêm. Yr un oedd yr ymateb wedi'r ddau achlysur.

"Pam yffach 'yf i fan hyn?"

Doeddwn i ddim ishe bod yn rhan o bethe. Mewn un gêm rygbi ar brynhawn Sul yng Nghastell-nedd daeth yr holl rwystredigaethau ynglŷn â sefyllfa rygbi menywod Cymru nôl i fi fel bollten. Digon yw dweud nad oedd hynny'n unrhyw help i godi fy ysbryd na chanolbwyntio'r meddwl. Anodd iawn oedd dod nôl o Gwpan y Byd a dod nôl i rygbi clwb sydd ar yr un safon â ma fe wedi bod ers blynyddoedd mawr. Roedd perfformiad De'r Affrig yng Nghwpan y Byd yn dangos shwd mae rygbi menywod yn gallu datblygu gyda'r gefnogaeth a'r buddsoddiad iawn.

Felly, ble ydw i o ran fy nyfodol yn y byd rygbi? Dw i wedi meddwl lot ynglŷn â pha fath o ystyriaethau fyddai'n help i benderfynu aros yn y gêm. Dyw anelu am fwy o records ddim yn un ohonyn nhw. Falle ei bod yn demtasiwn i fynd am record y nifer fwya o geisiau mewn rygbi rhyngwladol. Ond ar ddiwedd y dydd, pwy fydd yn sylwi bod hynny wedi digwydd a phwy fydd yn cofio? Mae un peth arall yn sicr, alla i ddim cadw mlaen i chwarae rygbi er mwyn cynyddu nifer y capiau, a dod oddi ar y fainc i ennill y capiau hynny ar ddiwedd fy ngyrfa. Does dim diddordeb 'da fi mewn bod yn eilydd am flynyddoedd jest er mwyn cael mwy o gapiau. Does dim un ffordd galla i chwarae i glwb arall yng Nghymru. A dw i ddim ishe mynd nôl i chwarae i glwb yn Lloegr eto chwaith. Mae'r sefyllfa yn eitha negyddol o safbwynt fy ngyrfa rygbi, on'd yw hi?

Yr un llygedyn o obaith yw bo fi'n dal i ddwli ar y gêm. Dyw'r mwynhad heb fynd yn llwyr ac mae hynny'n rhywbeth elfennol. Mae rygbi wedi bod yn rhan mor ganolog o 'mywyd ers cymaint o amser a dyw apêl y gêm ei hun heb bylu. Yr hyn sydd ar ôl i fi mewn gwirionedd, felly, yw gwneud fy ngorau i gadw mlaen i fwynhau'r gêm heb feddwl am y pethe negyddol. Yn ymarferol, ma hynny'n golygu trio parhau i chwarae i Gymru ond cael fy newis o fy rhanbarth, y Scarlets, yn lle o glwb. Mae hynny'n ddigon i gadw fy ffocws ar chwarae rygbi ar y lefel ucha bosib.

Wel, 'na ni wedi cael rhyw fath o drefn ar y meddyliau fan'na. Ond, wrth gwrs, dw i heb ystyried y reslo eto. Mae'r posibilrwydd o fod yn Llundain yn 2012 yn un realistig ac yn demtasiwn aruthrol. Does dim byd yn fwy na'r Gemau Olympaidd a byddai cael bod yno yn anhygoel. Ond os bydda i'n mynd, bydd yn rhaid i fi roi'r gorau i'r rygbi. Mae hynny'n amlwg. Bydd rhaid i'r cystadlaethau reslo ddod cyn popeth arall, y rheiny y bydd yn rhaid i fi gymryd rhan ynddyn nhw er mwyn casglu digon o bwyntiau i fod yn gymwys i fynd i Lundain. Mae hynny'n golygu gorfod dweud na fydda i ar gael ar gyfer sawl gêm rygbi ranbarthol a rhyngwladol dros y flwyddyn a hanner nesa.

Bydd yn rhaid penderfynu, felly, rhwng reslo a rygbi. Mae fy reslo wedi datblygu'n dda ers i fi ddechre ym mis Mawrth. Ond dw i'n gwbod bod lot mwy i ddod. Dw i'n gwbod hefyd mai'r unig ffordd y gall y gwelliant yna ddigwydd yw os bydda i'n rhoi'r gorau i rygbi.

Ond, mae cysgod hyll gwleidyddiaeth wedi codi ei ben ym myd reslo hefyd. Yn ystod fy nghyfnod yn Delhi, fe ges i sgwrs gydag un o'r merched oedd yn reslo i dîm Lloegr. Mae hi'n arbennig o dda, ond dywedodd wrtha i ei bod yn ymddeol ar ôl India. Cefais fy synnu gan hyn a gofynnais pam.

"To start with they haven't got my weight category in the London Olympics, and secondly there's Olga."

"Who the hell is Olga?"

"She's from the Ukraine and has been wrestling in England for a while and qualifies through residency to wrestle for England next year. We had three from the Ukraine in the England team in Delhi this year. Olga is amazing and she's in your weight category. You'll never beat her."

Doeddwn i ddim yn gwbod beth i'w ddweud. Ar ôl dod nôl, roedd y frawddeg yna yn un o'r rhai oedd yn troi yn fy mhen yn barhaol. Gallen i, felly, roi'r gorau i rygbi yn gyfan gwbwl, gyda'r holl aberth fyddai ynghlwm â hynny, ond wedyn methu'n llwyr â chyrraedd y *rank* angenrheidiol i gynrychioli Prydain yn y Gemau Olympaidd oherwydd ei bod hi yno'n cynrychioli'r wlad. Doeddwn i ddim yn ymateb yn rhy ffafriol i hynny. Doedd hynny ddim yn help o gwbwl. Roeddwn yn teimlo'n gryf nad oedd hynny'n deg.

Ond mae 2012 yn atynfa rhy fawr i adael i hynny fy stopio i. On'd yw e? Fe all Olga fethu â chyrraedd y pwysau angenrheidiol. Fe all dynnu nôl. Fe all gael anaf. Beth petawn i'n penderfynu peidio ag anelu at y Gemau Olympaidd ac Olga ddim yno wedi'r cyfan?

Y cam arall dw i'n ei ystyried yw ymddeol yn llwyr. Dim rygbi na reslo. Byddai hynny'n rhyddhau llwyth o amser i wneud pethe eraill wrth gwrs. Mwy o waith cyfryngau, sylwebu rygbi ac ati. Mae'n ddadl gyson ynglŷn â phryd yw'r amser gorau i athletwr ymddeol. Tra ar y brig? Neu pan fydd popeth wedi stopio gweithio? Mae'n amser da i fi stopio nawr gan i fi wneud popeth bron ac mae'r rhestr llwyddiannau wedi eu nodi'n barod. Ond, dw i wedi gweld y deilema ma ymddeol yn gallu ei greu pan wnaeth fy rhieni ymddeol, Dadi fel GP a Mami fel athrawes. Roedd y newid yn anodd iddyn nhw. Yr addasu i batrwm newydd, colli pwrpas, colli'r disgrifiad o pwy ydych chi. Dyw e ddim yn hawdd.

Bydde angen addasu seicolegol aruthrol i fi roi'r gorau i rygbi a reslo nawr. Byddai'r elfen gystadleuol wedi mynd o fy mywyd chwaraeon. Ond, yn fwy na hynny, yr elfen honno sydd yn rhoi siâp ar bob dydd o 'mywyd i. Dyna'r pwrpas. Rhaid hyfforddi bob dydd, mae'n obsesiwn llwyr 'da fi. Ond rhaid hyfforddi er mwyn bod y gorau wrth gystadlu. Beth os nad oes cystadlu mwyach? Pam dw i'n mynd i'r gampfa wedyn? Pam yr holl brofion cyflymder a'r profion ffitrwydd, yr ymarfer sgiliau a'r cicio at y pyst, y codi pwysau a'r colli pwysau?

Canlyniad hyn i gyd yw mai ffitrwydd sy'n diffinio pwy ydw i. Hynny yw, y meddwl a'r corff. Mae'r hyn sy'n cael ei alw'n *body image* yn gallu troi'n rhywbeth dylanwadol iawn ym mywyd athletwr. Erbyn hyn, ar ôl blynyddoedd o weithio ar fy nghorff, mae 'da fi ddelwedd bendant o pwy ydw i yn nhermau fy nghorff fy hun. Byddai rhoi'r gorau i hynny yn rhoi rhywbeth anodd iawn i ddygymod ag e o 'mlaen. Bydde fe'n chwarae gyda fy mhen. Heb os.

Pwyslais arall sy'n bwysig i fi yw nad ydw i erioed wedi difaru un agwedd o'r hyn sydd wedi digwydd i fi trwy fy ngyrfa chwaraeon. Dydw i ddim ishe dechre nawr trwy wneud penderfyniad y byddaf yn ei ddifaru ymhen blynyddoedd i ddod. Byddai hynny'n boen cas.

Mae agwedd fel hyn wedi costio'n ddrud i fi ar sawl lefel, dw i'n deall hynny. Fe wnes i gyfeirio at Mark Perego ynghynt. Roedd wastad yn dweud wrtha i nad oedd 'da fi amser iddo fe yn fy mywyd. Ac mae hynny'n ddigon teg. Mae hynny'n un rheswm mawr pam dydyn ni ddim gyda'n gilydd mwyach. Mae amserlen 'da fi ar gyfer pob dydd a phob manylyn wedi ei drefnu. Os oes rhywun wedi trefnu fy ngweld am saith o'r gloch ac yn penderfynu cyrraedd yn gynnar, bydda i yn brysur yn gwneud beth bynnag oedd 'da fi yn yr amserlen i orffen am saith, hyd yn oed os taw cael bath yw e.

Beth petai strwythur fel'na yn dod i ben? Byddai tynnu un fricsen mas o'r wal yn golygu y byddai'r brics eraill i gyd yn disgyn o'u lle.

Trobwynt. Dyna'r gair i ddisgrifio lle ydw i wrth wynebu diwedd 2010. Trobwynt sy'n troi yn drobwll yn aml iawn. Fe fyddai wedi bod yn neis dod â'r llyfr yma i ben yn deidi gyda chyhoeddiad y byddaf yn gwneud hyn a hyn gyda gweddill fy ngyrfa chwaraeon. Ond does dim rhuban bach pert 'da fi i'w glymu wrth gau popeth mewn un bocs bach cyfleus. Byddai bywyd yn haws petai hynny'n wir.

Brwydr yn erbyn y ffactore fuodd hi'r rhan fwya o'r daith ond mae pethe wedi troi mas yn hynod lwyddiannus bob tro. Felly, galla i fyw mewn gobaith y bydd yn parhau i fod fel'na. Wrth edrych nôl trwy'r trugareddau personol yn y bocsys gartre, er mwyn rhoi stori fy mywyd at ei gilydd, fe ddes ar draws llyfr nodiadau o Ysgol Howells, Caerdydd. Ar ein diwrnod ola yn yr ysgol, roedd merched fy nosbarth i wedi arwyddo llyfrau'n gilydd gyda phob math o negeseuon amrywiol a lliwgar. Roedd un ferch, Phil Elder, wedi rhoi neges yn fy llyfr a rhestr oddi tani. Ysgrifennodd ei bod yn sicr y bydde hi rhyw ddydd yn fy ngweld yn chwarae rygbi dros Gymru, yn ymladd jiwdo dros

Gymru ac yn cyflwyno ar S4C. Mae popeth wedodd hi wedi dod yn wir. Dw i'n credu bod ishe i fi gael sgwrs arall gyda hi yn eitha cloi.

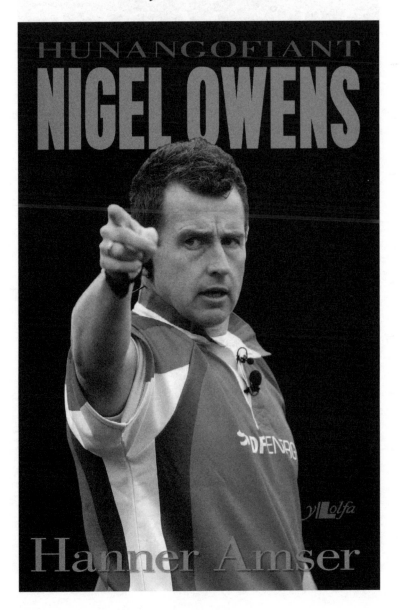

Robin McBryde
Y CYMRO CRYFA

y Lolfa

£9.95

£1.99

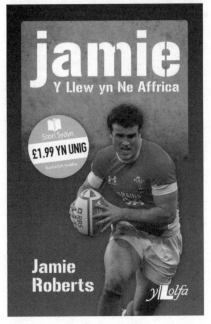

£1.99

Am restr gyflawn o lyfrau'r Lolfa, mynnwch
gopi o'n catalog newydd, rhad
neu hwyliwch i mewn i'n gwefan

www.ylolfa.com

lle gallwch archebu llyfrau ar lein.

TALYBONT CEREDIGION CYMRU SY24 5HE
ebost ylolfa@ylolfa.com
gwefan www.ylolfa.com
ffôn 01970 832 304
ffacs 832 782